TRAICTEZ DE PAIX,

ENTRE LES Srs COMTES DE CHARTRES,

ET

LES R. EVESQVES DE Chartres, Doyen & Chapitre dudit Chartres, & Abbé & Religieux de S. Pere dudit Chartres.

AVEC LES ARRESTS donnez en interpretation d'iceux.

A PARIS.
M. DC. XXX.

COMPOSITION
faite entre le Compte, & les Doyē & Chapitre de Chartres, touchant leurs droicts de Iustice en ladite ville.

PH. Dei gratia Francorum Rex. NOTVM facimus vniuersis tam præsentibus quam futuris. Nos infrascriptas vidisse litteras formam quæ sequitur continentes.

A TOVS CEVX QVI VERRONT & orront ces presētes lettres. CHARLES fils de Roy de France, Conte de Valoys, de Alençon, de Chartres, & de Aniou : Et nous Katherine sa compagne, par la grace de Dieu Emperiere de Constantinoble, & Contesse des deuant diz lieus, & Dame

a ij

4 *Traictez de paix,*
de Courtenay, Salut. SACHENT tuit que comme contanz & descorz eussent esté & fussens encores entre nous, pour raison de nostre Contée de Chartres d'vne part, Le Dean & le Chapitre de Chartres en nom de leur Eglise d'autre, sus vne composition qui iadis auoit esté faicte entre nous, Marguerite nostre premiere compaigne, iadis Contesse des deuant diz lieus, Et le Dean & le Chapitre deuant diz sus plusieurs & diuers articles contencieus, laquelle composition ledit Dean & Chapitre requierent que nous leur gardissains & faisains garder par noz genz tout enterinement, sanz faire mutation ou addition de ci en auāt: Nous maintenanz que à ladite composition deuoient estre adioustez aucuns articles ordenez par Reuerent Pere Iehan de Chiuri, iadis Euesques de carcassone. A la parfin, du conseil de bonne genz pour bien de pez des contenz & des descors deuant diz, fut accordé & appesié en la forme qui s'ensuit.

IL est accordé se homme de cors

entre les S. Comtes de Char. 5
de Chapitre hoste le Conte, couchant & leuant souz le Conte en sõ propre demaine ou sa propre iustice fet aucun meffet qui emporte paine de sanc, la cognoissance, le iugement & l'execution dudit meffet appartiendront au Chapitre, exceptez les cas qui sont ci dessouz escris, qui demouront au Conte quãt à la cognoissance & au iugememẽt; Et pouurront les iustiers de Chapitte prendre ou faire prendre les diz hommes de cors en la terre le Cõte és cas qui s'ensuient.

CEST ASÇAVOIR, Quant le crime ou meffet sera ou aura esté notoires par euidance de fait, ou quãt ilz auront esté condempnez par les Iusticiers de Chapitre, ou conuaincu d'aucun crime, ou quãt il auront confessié le crime pardeuant les diz Iusticiers, ou quant il auront osté forbaniz par les diz Iusticiers, & il s'en seront fois apres le forban, ou quant il auront pris le fet sur eus en eus desfuiant, sur lequel fet il auront esté appellez suffisaumant par es Iusticiers dou Chapitre, selonc

a iij

la coustume du païs : Et quant la prise aura esté faite, se les genz le Conte s'en deulent, le Chapitre sera tenuz à les enformer par son Iusticier, ou par deus hommes dignes de foy que la prise aura esté faite pour aucune des causes dessus dites : & sera faite l'information à sainct Iehan en valée, ou au freres de sainct Iacques : Laquelle information Chapitre sera tenuz à faire dedans huit iour apres ce que il aura esté requis. Et se Chapitre faut de ladite information faire, il sera tenuz à remettre l'homme au lieu là où il aura esté pris, sans ce que point d'amande en soit faite : Et se les Iusticiers le Conte prenoient ou auoient pris pour cas de crime, qui emporte paine de sanc aucuns des hommes dessus diz pris à presant forfait, ou non present, il seroient tenuz à la requeste, ou à la monició de Chapitre de les rendre sanz cõtredit au Chapitre ou à son commadement, o touz les biens qui auroient esté pris auec eus pour l'ocasion du forfait : Et se les diz Iusti-

entre les S. Comtes de Char. 7

ciers du Conte auoient saisi ou emporté pour l'occasion dudit meffet autres biens, que les diz meffaiteurs tenissent ou pourseissent en la terre ou en la iustice le Conte, les diz Iusticiers les recroiront aus diz hommes, en donnant caution souffisant iusques à tant que il soient iugiez par la iustice de Chapitre: Et en demeures, l'an leur liuera souffisaument de leurs biens pour leur viure & pour deffendre leur cause, selon la seruee de leur biens, en quelque lieu que il soient, soient souz le Conte, soient souz Chapitre, soiēt ailleurs, selonc la qulité de leur forfait, & la condition des hommes. Et se aucun des diz hommes estoit pris ó tout biens emblez ou rauiz, & mis en la prison le Conte, les genz le Conte pourroient faire rēdre les choses emblées ou rauiz à icelluy, ou à ceus qui les pouroient faire pour leur, auantque ledit hōme soit requis de Chapitre; & se il est requis de Chapitre auant que les genz le Conte ayent rendu ou fait

a iiij

rendre les dites choses, il leur sera rendu auec lesdites choses. Et se ainsi estoit que il eust reconnu le larrecin ou messait deuant les genz le Cõte, ou il fust si notoire que il ne peust estre celé, & il s'auouoit à hõme de Chapitre auant que il fust requis de Chapitre, les genz le Conte ne le pourroient punir sanz iugement fait en appert & sollempnemẽt, ne ne hasterõt le iugement, ne ne le pourront iugier sans l'assatement du Baillif en ce cas, ne ne feront fraude, ne barrat, ne tricherie, par quoi le Chapitre ne puisse auoir temps souffisant de le requerre, de quoy le Preuost sera creu par son seremant; Et se il le requierent, il leur sera rendu des genz le Conte tantost comme il le requerront à iugier, ou à punir, selonc le messait ne confession que il ait faite deuant les genz le Conte, ne le fet, se il n'est notoire, ne autre maniere de preuue, ne la renduë des biens dessus diz, ne nuira au Chapitre, ne ne leur pourra faire preiudice, puis que il aura esté requis, que le Cha-

entre les S. Comtes de Char. 9
pitre n'en ait la cognoissance & le
iugement.

VEZ CI les cas exceptez qui demeurent au Conte.

SE vn homme de cors de Chapitre appelle aucun en la court le Conte par gaige de baitaille, sur cas, qui par coustume de païs doient estre menez & traitiez par gaige de baitaille.

ITEM, se il estoit appellez en ladite cour du Conte, & rapoigne de sa bonne volenté, auant que il soit requis de par Chapitre, ou il vuouloit demourer empres la requeste de Chapitre sanz nul contraingnement. Preuention aux officiers le comte.

ITEM, se il venoit de sa propre volenté sans contraingnement pour tesmoigner en la court le Conte, en aucune cause & il estoit leué comme pariure en ces cas deuant diz, la court le Conte pourroit mener & traitier ledit homme de cors en cognoissant, & en iugér aussi comme ses autres iusticiables, sauf ce que l'execution dudit homme demoura au Chapitre : Et n'est mie à entendre que femonfe foit contraingnement: Et fe il auenoit que ledit homme fuft appellez en la court du Conte par gaige de bataille, & il eftoit requis de par Chapitre, ainz que il refpondift de fon bon gré, ou fe il ne vouloit demourer illeque, ou fe il eftoit contraint de venir à la court le Conte pour tefmoigner, ia foit ce que il y euft receu le gaige, ou tefmoigné efforciez, & contre fon gré, les gens le Conte feroient tenuz le rendre audit Chapitre: Et és autres cas qui ne porte pas poine de fanc, la cognoiffance, le iugement & l'execution, quant aus diz hommes & leurs biens eftanz fouz le Conte, demourront par deuers les Iufticiers le Conte; exceptez fe ilz eftoiét tenuz ou obligiez au Chapitre, aus Chanoines ou autres perfonnes de l'Eglife éfquiex cas la caufe feroit traitiée, menée & determinée en Chapitre pardeuant l'ordinaire du lieu, ou deuant autre Iuge de l'Eglife fouffifant: Et pourront les diz hommes obligier leurs cors pour

Pour fonder la iuftice du comte fur les hommes de cors de Chapitre & leurs biens eftans fous le Côte.

Exception.

entre les S. Comtes de Char. 11

leurs debtes, par les lettres le Cõte de tenir prison en la prison le Conte: se aucun de eus estoit condãné en cas de crime, ses biens meubles & non meubles qui seroient souz le Conte li demouroient comme forfaiz, se ce estoit cas en qui il deussēt estre forfaiz selonc la coustume du païs: Et se il auenoit que les Iusticiers le conte preissent aucuns des hommes dessus diz és cas qui leur appartiennent, il seroient tenuz à le recroire, & à le mener par droit aussi comme les autres Bourgeois de la Ville. Et autel droit aura chapitre du tout en tout és hommes de cors le conte, demourans en la terre de chapitre. Et toutes ces choses dessus dites ont lieu, & sont à entendre és hommes de cors de chapitre, couchans & leuans ou propre Demaine du conte, ou en sa iustice, non pas en ses Fiez, ne en ses rerefiez ou il n'a iustice que par ressort, & aussy des hommes de cors le conte, couchans & leuans ou propre demaine ou en la propre iustice de chapitre.

ITEM, il est accordé des hommes de cors de Chapitre, qui ne sont couchans ne leuanz ou demaine le Conte, ne en sa iustice, que se les Iusticiers le Conte les prenoient pour forfait quel que il soit, exceptez les cas qui s'ensuiuent, neis se il les prenoient en present forfait, ou pour autre canse quele que elle soit li diz Iusticiers seroient tenuz à la requeste ou à la monition de Chapitre de les rendre sanz contredit audit Chapitre, ou à leur commādement. Sauf ce que se ils estoient condempnez en cas de crime, leurs biens meubles & non meubles qui seroient souz le Conte li demouroient comme sorfaiz, se le cas estoit tel que il deussent estre forfaiz par la coustume du païs,

VEZ CI les cas qui demeurent par deuers les genz le Conte, des hommes de Chapitre qui ne sont couchant ne leuanz souz le Conte.

PREMIEREMENT, les trois cas qui sont dessus exceptez, ou prepmier article.

C'EST ASÇAVOIR, quant appelle

& est appellez, & il porte tesmoignaige, si comme il est dessus dit, & yceus demouront aus gens le Cōte quant à la cognoissance & au iugement; mais l'execution des hōmes demourra à Chapitre.

ITEM, se aucuns des diz hommes font iniures aus Iusticiers le Conte, ou aus Sergens iurez en mettant main en eus, ou en les vilenent autrement nottoirement & publiaument en la Court le Cōte, la Court seant, ou non seant, ou se il faisoient iniure hors de la Court le Conte au Baillif ou au Preuost le Conte, en mettant main en eus en la terre le Conte, en ces cas, la iustice demourroit au Conte, ne ne serōt pas li diz hōmes renduz au Chapitre pour iusticier; & se il auoient biens souffisanz en la Iurisdicion le Conte pour amender l'iniure & le meffet, secont loy & coustume du pays, les Iusticiers le Conte iusticieroient les diz biens pour l'amende: Et se il n'auoient biens à ce souffisans souz le Conte, ils les tendroient iufques à tau que il euſſent donné ſeurté de faire ſatiſfacion de l'iniure & du forfait: Et ſe il n'auoient nus biens, les ditz Iuſticiers le Conte les tendroient en leur priſon tant comme ils feroient à tenir, ſecond la qualité du forfet, & de l'iniure par le ſerement des Iuſticiers le Conte; Et au tel droit ſera tenuz & gardez en ces cas és hommes de cors le Conte, qui ne ſot couchanz ne leuanz ſouz Chapitre, enuers le Chapitre & enuers ſes Iuſticiers & ſes Sergenz iurez, ſe il leur font iniure en leur cors ou en leur terre: Et ſe il auenoit que aucun homme de cors le Conte qui ne fuſt couchanz ne leuant ſouz chapitre, feiſt iniure à aucun chanoine, ou a aucun eſtant en ſa compaignee & de ſa meſniee, en mettant main en eus en la terre le conte, ledit chanoine ou chapitre le pourront prendre & faire prendre apreſent, & en demourroit la iuſtice au chapitre: Et auſſi li Iuſticier le conte en la terre de chapitre, ſe les hommes de cors de chapitre, qui ne fuſſent couchanz le leuans foubz le conte leur feiffent iniure en mettant main en eus, ou en leur compaignie, qui fuft de leur mefniée, il les pourroient prendre à prefent & iufticier.

ITEM il eft accordé, que fe hóme de cors de chapitre non couchant ne leuant ou demaine, ne en la propre iuftice le conte, fi comme il eft deffus diz, obliget fon cors à tenir prifon en la prifon du conte, les genz du conte feroient tenuz de le rendre à chapitre tátoft comme ils en feroient requis; & le chapitre tendroit ledit homme en fa prifon, fecont la forme de l'obligation, iufques à tant que fatisfaciõ fut faite de ce dót il feroit obligiez: Et tout anffi fera il gardé des hommes de cors le conte, qui ne font couchanz ne leuanz ou demaine ne en la iuftice de chapitre, fe il obligent par les lettres de chapitre.

ITEM il eft accordé, que fe les genz le conte tiennent vng homme de cors de chapitre ou que que il foit couhant ne leuant pour cas de crime, & foient amoneftez par le Chappitre, ou par l'ordinaire du lieu que il le rendent, il sera mis en la monicion que les ditz Iusticiers le rendent, ou que il veignent en Chapitre à certain iour à proposer aucunes des causes exceptez dessus dites, par quoy il ne le doiuent mie rendre; Et se il en veulent aucunes proposer, il seront tenuz à amener auecques eus en Chappitre ledit home, & proposeront leur cause en sa presence; Et se il cognoist leur cause, il leur sera lessié à iusticier, secont la forme de la composicion dessus ditte: Et se li homme la nie, le Baillif tout seul, le Preuost non fermier auecques vng autre digne de foy, & le Preuost fermier auecques deus autres dignes de foy, seront creuz par leur serement, iuranz & affermanz sur les sains touchiez tout en appert en Chapitre sollempnelement, que la cause que il proposent est vraie.

ITEM il est accordé, que se le Preuost, ou la force le Conte prennent ou saisissent hoste de Chapitre,

entre les S. Comtes de Char 17
tre, ou les biens de l'hoste, ou les biens de l'omme de cors, ou que il soit demourant, il seront tenuz à la requeste ou à la monicion de Chapitre, de les rendre, ou recroire, ou de dire cause pourquoy il ni soient tenuz à iour certain à ce assigné en Chapitre: Et se la cause de la prise ou de la saisine despend dou fet du Baillif ou dou Preuost pour y ce qu'il ayent pris ou saisi, ou commandé à prendre ou à saisi les choses dessus dites o cause raisonnable, si comme pour la taille, ou pour l'eschauguette, ou pour autre cause souffisant & raisonnable il feront foy de la cause, ou de la prise au iour assigné, si comme il est contenu en l'autre article dessus dit. A decertes, se la prise ou la saisine ne despent pas de leur fet, quar il n'auoient pas faite la prise, ne la saisine, ne comandée à faire, il auront deliberacion de six iours, & entre deus feront la recreance, se recreance y affert, & au chief des sis iours, il seront tenus de prouuer la cause de la prise, ou de la saisine

B

raisonnable, en la forme qui s'ensuit.

C'est à sçauoir, le Baillif par son serement & vn autre digne de foy, le Preuost fermier ou non fermier, chacun de eus o deus autres dignes de foy affermanz en appert par leurs seremens que il tiennent pour la cause proposée sanz fraude & sans malice: Et que il souffisaument enformez croient que elle soit vraie; & se il ne la prouuent, il seront tenuz à rendre quitte & deliure, & amender: Et se les diz Iusticiers le Conte ailegaient que il eussent pris l'oste de Chapitre en present forfet en leur terre, seroiét tenuz à l'amener en Chapitre: Et se il nie le present forfet, il seront tenuz à le recroire en Chapitre, iusques à tant que il aient prouué per leur seremens la cause, si comme il est dit tantost deuant.

ITEM il est accordé, que se li Iusticier le Conte prennent hommes de cors de Chapitre, ou que qu'il soit couchant ne leuant, & eus amonestez de le rendre, ou de dire

entre les S. Comtes de Char. 19
vne des causes contenues en la cōposition dessus dite, ou se il prennent les biens dudit homme de cors, ou prennent l'hoste & ses biens; & amonestez de rendre ou de recroire, ou de dire cause souffisant par quoy il ne soient pas tenuz, ne rendent ne ne recroient, ne au iour assigné en Chapitre il ne alleguent cause souffisant, ou se il l'alegaient & ne la poursuiuoiēt pas, ou il ne veullent respondre ou iurer, & il soient escommeniez, pour ce il ne seront pas absous, se il ne rendent quittement & deliurement, & amendent; ou se il ne viennent au iour assigné, & se pour ce il estoient escommeniez, il ne seroient pas absous sans faire satisfacion, si comme deuant, se il ne peuent souffisamment escuser leur defant, par leurs seremenz, & se il le peuent escuser, il ne seront escomuniez que pour coutumace.

Item il est accordé, se les Iusticiers du Conte emprisonnent hōme de cors ou quel que il soit demourant, ou hoste de Chapitre, ou autre iusticiable de Chapitre sanz cause & sanz raison, il ne poierõt point de geolaige: & se le Geolier l'a pris de eus, il le rendra.

Item, se il emprisonnent aucun d'iceus dessus diz où cas ou il peuent prendre, tenir & iusticier, ne que il ne soient tenuz de le rendre, il seront tenuz au geolaige: Et se il le prennent en cas ou il puissent prendre & non mie cognoistre de la cause: Et il esconueigne que il le rendent, il seront tenus au geolaige de l'entrée, & non mie de l'issuë.

Item, il est accordé, que se hõme de cors de Chapitre, ou quel que il soit couchant ne leuant, est pris en la iustice le Conte pour cas de crime qui emporte poine de sanc, & il est douté se il le veult auoüer à homme de cors de Chapitre, les Iusticiers le Conte amõnestez de le rendre seront tenuz de l'amener en Chapitre: Et se il s'auouë à homme de cors de Chapitre, il leur demoura, se les Iusticiers le Conte ne proposent aucune des causes exceptées, es quiex la cognoissance & le iugement demeurent par deuers le Conte, si comme il est dessus dit: Et se il la proposent, l'en yra auant, si comme il est contenu és articlec dessouz mis: Et se il ne proposent aucune des causes dessus dites, ains veulent suiure ledit homme comme homme de cors le Conte, ou porposer autre chose semblable, il poursuiront leur droit en Chapitre; & se il se desauouët de Chapitre, & s'auouët à homme de cors le Conte, la saisine en demourreroit au Conte, iusques à tant que Chapitre l'eust prouué à son homme de cors, là où il deuroit.

Item, il est accordé, que se aucun homme de cors de Chapitre se tenoit pour franc Bourgoys le Conte, le Chapitre auant que il li meuuent question de son estat, sera tenuz de enformer les Iusticiers le Conte par deus personnes dignes de foy, appelé à ce l'homme de cui estat il veulent mouuoir question, les quiex iureront & affermeront que il croiët que ledit hôme soit de cors de Chapitre, pour ce que l'en tenoit ses parenz à hômes de cors de Chapitre, ou pour autres souffisanz coniectures ; & iurera le Procureur de Chapitre en l'ame de Chapitre, que il cuide auoir bonne raison de mouuoir la question dessus dicte, ne ne le fet par fraude, ne par malice, ne en dommage du Conte, ne pour diffamer ledit hôme ; Et cette information faite en la maniere dessus dite, le Chapitre pourra mouuoir audit hôme question de son estat, & sera la cause traitiée & determinée en Chapitre, sauues toutes les raisons & les deffances audit homme, & sauf ce que ladite information ne li face preiudice : Et sera faite ceste information à sainct Iehan en vallée ; ou aus freres de saint Iacques ; Et en faisant cest accord dessus dit, fist le Conte deuant dit retenuë du droit que il a & a accoustumé à auoir quant ses hommes sont ioinz par mariage aus hômes ou aus femmes de cors de Chapitre & le Chapitre fist re-

entre les S. Comtes de Char. 23

tenuë du droit que il a acoustumé à auoir quant à ce cas.

Item il est declaré, que la iustice du Cloistre de l'Eglise de Chartres, & des maisons & des habitans oudict Cloistre appartiennent du tout à l'Eglise, & sont frans, & hors de toute la iustice le Conte. *Au Cloistre le Preuost n'a point de preuention.*

Item il est accordé, que le Chapitre aura vingt & six maisons Canoniaus en la ville de Chartres hors du Cloistre, franches & deliures de toute iustice du Conte, & au nombre de ses vingt & sis maisons seront contenues les maisons Canoniaus que les Chanoines ont à present hors du cloistre, auecques toutes leurs adioncions, lesquelles seront veuës & bonnées : Outre lesquelles ledit Chapitre pourra acquerre en la terre le Conte maisons souffisans pour habitations des Chanoines, tant que le nombre dessus dit soit accompliz ; Et les chanoines qui demourront en ses maisons y auront toute iustice des priuez & des estranges, aussi comme il ont és maisons du Cloistre, *Ny es vingt six maisons Canoniales.*

B iiij

Mais se il auenoit que aucun mau-
feteur se feîst en aucune de ces maisons à garentie, en preiudice dou
Conte, le Maire de Chapitre ou son
Lieutenant, lequel i sera tenu touz
iours a auoir en la ville de Chartres, seroit tenu, à la requeste des
genz le Conte, de le mettre hors, &
deliurer aus genz le Conte; ne ne
pourront les genz le Conte entrer
és dites maisons pour iusticier en
ce cas, ne en autre: Et se il auenoit
que Bourgoys, ou autre homme
loy demourast en aucune des dites maisons comme principal chief
de ostel, la iustice des dites maisons demourroit au Conte, ou
au Seigneur temporel à cui elle
appartendroit tant comme il y demourroit: Et par cest accort ne demourra pas que li Chanoine qui
tendront les maisons dessus dites
ne soient tenuz à rendre les rentes
que les dites maisons doiuent aussi
côme deuât: Et iurrôt les chanoines
qui orez tiennêt ou tédrôt les mai-
sôs dessus dites, que nul malfeteur
ne receuront à garentie malecieu-

Esquelles les officiers du Roy ne peuuent entrer pour iusticier.

Sinon que lesdites maisons fussent habitees par bourgoy, ou bien l'ay comme chef d'hostel.

sement ne en fraude, ne en preiudice du Conte, & sera fait cest serement en Chapitre toutes les fois que Chanoine se muera, appelée à ce la iustice le Conte se elle y vieust venir: Et se il aduenoit que le deuant dit Maire ou son Lieutenant ou le Chanoine demourrant en aucunes des dites maisons feissent aucune chose en fraude ou en preiudice du Conte, quant à destourner le malfeteur qui se fuiroit es dites maisons à garentie, le Chapitre à la requeste des genz le Côte, seroit tenu à faire hatiue raison du Chanoine deuant dit, ou du Maire, ou de son Lieutenant, & à faire satisfacion second raison: Et à ce fermement tenir se est obligiez le Chapitre.

Item, se il auenoit que Chanoine demourast en aucune autre maison hors du cloistre que des maisons dessus dites en la iustice le Conte, tant comme le Chanoine la tendra pour son demourer, il aura toute la iustice de sa mesniée, & de ses hostes tant seulement,

Item, il est accordé, que la Cou‑
stume de Chapitre soit gardée, qui
est tele, Que si aucun iusticier le
Conte ou autre est semós ou amo‑
nestez deuant vn des Iuges ordi‑
naires de Chapitre, en Chapitre, &
le Iuge est absēt, le Chapitre pour‑
ra mettre vn Chanoine pour luy.

Item il est accordé, que le Cha‑
pitre, & les personnes de l'Eglise,
secont ce que à chacun appartient,
auront en touz cas la iustice des
clers de cueur, & de leur mesniée,
des Marregliers & de leur mesniée,
des Sergens de l'Eglise & de leur
mesniée, en quelque lieu qu'il de‑
meurent en la iustice le Conte de
Chartres: Et est asçauoir que les
auoüez de l'Eglise ne sont pas con‑
tenuz ou nombre des Sergenz des‑
sus diz.

Item, il est accordé, que la com‑
posicion faite sus les aduoez entre
le Dean & le Chapitre d'vne part,
& le Conte Iehan de Chartres &
de Bloys de autre, par le Roy Phi‑
lippes, sera gardée.

Item, il est accordé, que le Cha‑

pitre puisse prendre les biens meubles de ses Clers iusticiables en la terre le Conte, c'est assauoir, les meubles clers sanz faire violence, sauf ce que par tele prise il ne reclament pas ne contendent à auoir iurisdicion temporelle en ce lieu où il les prendront

Item, il est acordé, que les Huissiers, les Geoliers, & le Maire, & les autres genz de Chapitre qui seront deputez à ce qui s'ensuit, iureront en Chapitre, à la requeste du Preuost, au Conte de Chartres en la maniere qui s'ensuit.

La forme du serment que le Maire doit faire ensemble les autres officiers de Chapitre.

Ie, tel, iure que ie ne demanderay, ne demander feray aus Iusticiers du Conte de Chartres, aucun pour homme de cors dudit Chapitre, pour aucune fausse ou fainte aduoierie, fors que ie croiré estre homme de cors de l'Eglise.

Item, Ie iure que l'homme de cors de Chapitre qui me sera rendu des iusticiers le Conte, tantost cóme ie pourré en bonne maniere mener à iugement, & si comme il aura deserui loialment le iugeré, toute fraude, malice, dilacions, faintes, & colourées de tout lesliée fors que celles qui appartiennent de droit & de coustume; & que ie ne deliureré ledit homme par don, ne par priere, ne par profit que ie en aie, ne que ie en atende à auoir; ne que ie ne li donrray, ne ne procureré à donner ne à souffrir audit hóme faculté ne matiere de eschaper, ne ne ferai autre chose parquoy le Conte de Chartres puisse estre deffraudez par aucune voie de son droit és biens dudit hóme qui seront en la terre & en la iustice dudit Conte, & que ie garderé loialament & sans rompre la composicion dessus dite.

Serment du Baillif & Preuost.

Item il est accordé, que le Baillif & le Preuost, & tuit li autre qui tendront iustice ou execution de iustice pour le Conte de Chartres, pour raison de ladite Contée de Chartres, qui sont & seront à ses offices establiz tantost comme il seront requis de par le Chapitre, iurront en Chapitre que il ne prédront, ne prendre feront, ne ne soufferont à prendre les hommes de cors de Chapitre, & que il ne prendront, ne prendre feront, ne ne soufferont à prendre les biens des diz hommes, ne les hostes de Chapitre, ne leurs biens, se il n'ont ou se il ne croient en bonne foy auoir iuste cause & loial de prendre & detenir, C'est assauoir, pour la taille le Conte, ou pour son autre droit lealment & iustemant sanz fraude & sanz malice garder ou pour iustice faire à autres genz es cas es quiex il leur laira lealment & bien, si comme il est contenu en la composicion dessus dite; & que les hommes de cors de Chapitre pris en present forfait ou autrement, exceptez les cas es quiex il les peuuent tenir, secont l'ordinacion dessus dite, & leurs biens & les hostes de Chapitre, & leurs biens rendront au Chapitre deuāt dit, ou à leurs commandement, sans dilacion nulle, & sans difficulté, tantost comme il en seront requis, se il n'ont iuste cause & loial de les tenir, de laquelle l'en cognoistra si comme il est contenu en la composition dessus dite.

Item, Il iureront que es choses desusdites, ne en aucunes d'icelles, ne adiouterōt, ne adiouter ferōt ne ne soufferont à aiouter, ne faire ne ne repoirt ne en appert malice ne fraude principaument ne occasionaumant, ne ne la troubleront, ne ne ferōt troubler par aucun machination, ne par engin, ne par cautelle, ains la garderont loialement & sans rompre.

Item, il est acordé, que le Conte qui ores est, & ses successeurs en la Contée, comme il seront requis de par Chapitre, seront tenuz à iurer en Chapitre vne fois en leur vie par eus, ou Procureur souffisaumēt à ce establis, en leurs ames que ceste dite composicion garderont & feront garder, sanz rompre, tant comme à eus appartiendra, & que par eus ne par autres ne feront empeschier, ne ne empeschieront ladite composicion, ne ne troubleront ne en repoirt ne en appert, ne ne feront, ne ne souffreront à estre empeſchée ne troublée de leurs genz en quelque maniere que ce ſoit pour quoi il le ſachent: Et autel ſeremēt fera le Procureur du Chapitre en l'ame de eus, & les Chanoines qui ores ſont & cil qui ſont à venir en la premiere reception de Chanoine feront ſemblable ſerement, à ce appelé le Preuoſt de Chartres ſe il eſt en eſtat, & ſe il n'eſt en eſtat, l'Argentier le Conte, ou le Chapelain de la Chapelle de la tour le Conte.

Que le ſermēt doit eſtre fait en preſence du Preuoſt par les nouueaux Chanoine & Procureur de Chapitre.

Les queles pes & lequel acort, ſi cōme ils ſont deſſus deuiſiez, Nous voulons, accordons & octroions en bonne foy, pour nous & pour nos hoirs, & pour nos ſucceſſeurs, qui pour temps ſerōt Contes de Chartres; & promettons en bonne foy que encontre ne vendrons, ne ne ferons venir par nous ne par autres: Aincois, les garderont & rendrons perpetuelement lealment & fermement ſans rompre; & ferons tenir & garder nous & nos hoirs en ladite Contee de touz, & contre touz: Et quant à ce, nous obligons nous

& noz hoirs & nos successeurs au Dean & Chapitre, & à l'Eglise de Chartres dessus diz: En tesmoing de la quele chose, Nous auons seellée ces presentes lettres de noz seaus. DONNE' à Pontoise, l'an de grace mil trois cenz & sis, le iour de Lundy aprés la feste sainct Mathieu l'Apostre. Et ceste composition nous faisons en non dessus dit & en non de noz enffans, enffans iadis de la dite Marguerite, nostre premiere Compaine, pour tant comme il leur peut appartenir pour raison de leur mere & de eus en la Contée de Chartres dessus dite. Donné en l'an & ou iour dessus diz.

Marginal: Datte de la transaction.

Nos vero, ad requisitionem partium predictarum premissa omnia & singula prout superius sunt expressa laudamus, approbamus, & ex certa scientia authoritate regia comfirmamus. Verum quia viuente Marguareta quondam consorte predicti Karoli germani nostri, predicta compositio extitit cōsummata, que certis ex causis post mortē ipsius Margareta fuit renouata; libe ex dicto

Marginal: Confirmation d'icelle, faicte par le Roy.

entre les S. Comtes de Char. 33
ris ex dicto Karolo, & dicta Margua-
reta natis adhuc in minori etate consti-
tutis. Nos deffectum etatis dictorum li-
berorum subplentes, ipsos quantum ad
omnia premissa & singula pro maiori-
bus in etate completa constitutis, &
consentientibus haberi volumus: ac
omnia & singula in presenti compositio-
ne contenta eiusdem esse roboris, ac e-
tiam firmitatis cuius essent si predicti
liberi per cursum temporis & naturæ
ad etatem legitimam peruenissent, &
expresse in premissis omnibus & singu-
lis specialiter consensissent: quacumque
consuetudine contraria non obstante.
Saluo in aliis iure nostro ac quolibet
alieno. Quod vt ratum & stabile impo-
sterum perseueret, presentes literas si-
gilli nostri munimine fecimus roborari.
Datum Parisiùs, Anno Domini mille-
simo trecentesimo sexto, mense Marcij.
Et scellé du grand scel de cire verd, en
laqs de soye rouge & verd.

C

Arrest de la Cour de Parlement, sur le faict de la Police en la ville de Chartres, & au Cloistre nostre Dame dudit lieu.

Extraict des Regiftres de Parlement.

ENTRE les Efcheuins & Gouuerneurs de la ville de Chartres, appellans comme de Iuge incompetant & autrement, du reiglement de police donné par les Iuges du Chapitre de Chartres; publication & execution d'iceux du 13. Auril dernier, Maiftre Gilles guerin Preuoft interuenant d'vne part: Et les Doyen, Chanoines & Chapitre de Chartres inthimez d'autre, fans que les qualitez puiffent preiudicier: GRENET pour les appellans, dit: Que la police generalle leur appartient, & en ont la poffefion & l'execution au Preuoft; Neantmoins les inthimez, qui de verité ont haufte iuftice, entreprenans ce qui ne leur appartient, ont par leurs Officiers fait faire vn reglement des heures de la vente, & des chofes qui feront vendus enfemble, pour fermer à certains iours leurs boutiques, dont eft appel, auquel a conclud, à ce que le tout soit cassé. DV VERGER pour le Preuost a requis estre conserué en sa charge: DE LA MARTILLIERE pour les inthimez, dit: Qu'ils ont tiltre & possession de toute iustice temporelle en leur Eglise & Cloistre, où autres que leurs officiers n'ont que voir: Et consequemment, le marché se tenant au Cloistre, le reglement des heures de la vente & fermer les boutiques appartient à leurs Officiers. LE BRET pour le Procureur general du Roy, dit: Que par les Ordonnances les reglemens generaux de police appartiennent aux officiers du Roy en l'assemblée generale, le Bailly ou son Lieutenant y presidant, les Officiers, Escheuins, & Deputtez des Eglises Cathedrales appellez: Toutes fois les inthimez, de l'authorité de leurs Iuges ont fait le reglement dont est appel: Que le boys & charbon ne sera vendu au Cloistre; les boutiques ne seront ouuertes aucuns iours, ny le gibier vendu, sinon à certeines heures, auec publication à son de trompe, ce qu'ils ne pouuoiët faire: Car bien que pour la commodité publique, ou par necessité, le marché se tienne au Cloistre; Neãmoins ils doiuent cedder la police generalle ne leur appartenant, ny l'execution d'icelle, sinõ au Cloistre, par tout ailleurs au Preuost

C ij

& à leurs officiers où ils ont haulte iuſtice. LA COVR, à receu & reçoit les parties de Grenet, appellans dudit reglement de quatre-vingt huiçt. fait par les Officiers de Chapitre : les à tenuz & tient pour bien relelez : Et en faiſant droiçt tant ſur ledit appel que appellation interiettée du reglement dernier, à mis leſdittes appellations & ce dont eſt appel au niant en ce qui concerne l'inionction indifferamment faite de fermer les boutiques, henre de la vente du gibier ; la vente de bois & charbon ; & de la publication eſtre faite à ſon de trompe aux lieu de leurs haute iuſtice, A ORDONNE'. & ordonne, Que les reglemens qu'il conuiendra faire de la police de la ville, faulx bourgs, & lieux où le Chapitre a haute iuſtice, ſe feront en l'aſſemblée generale de la ville, en laquelle le Bailly ou ſon Lieutenant preſidera, y aſſiſteront le Preuoſt & Officiers du Roy, Maire & Eſcheuins, & autres qui ont accouſtumé d'y eſtre appellez : Et qu'en icelle aſſemblée deux Chanoines de ladite Egliſe, qu'à ceſt effect le Chapitre deputera, ſeront appellez. Et la publication du reglement de la police qui ſera donné en ladite aſſemblée ſe fera de l'ordonnance dudit Lieutenant, Maire, & Eſcheuins, & Officiers du Roy : Et neantmoins, que l'execution desdits reglemens appartiédra concurramment au Preuost & Officiers dudit Chappitre au lieux où iceluy Chapitre a haute iustice. Et en ce qui concerne la police en l'Eglise & au Cloistre, ladite Cour a maintenu & gardé, maintient & garde les Officiers de Chapitre en ladite iouïssance d'icelle, priuatiuement à tous autres; sans despens. FAICT en Parlement, le premier iour d'Aoust mil six cens seize.

Signé, VOYSIN.

ARREST DE LA COVR DE PARLEMENT de Paris, touchant la Iustice qu'a le Chapitre de Chartres en la ville & banlieuë dudit Chartres.

LOVIS Par la grace de Dieu Roy de France & de Nauare. Au premier des Huissiers de nostre Cour de Parlement ou autre nostre sergent sur ce requis, salut. Côme le iour & datte des presentes, comparans en nostre dite Cour les Doyen, Chanoines & Chapitre de l'Eglise de Chartres, appellans des sentences & appoinctemens donnez par le Preuost

C iij

dudit Chartres le vingt-huictiesme Aoust mil six cens dix, execution & publication d'icelle du vnziesme Septembre ensuiuant, & de tout ce qui s'en est ensuiuy; ensemble d'autre sentence du treziesme dudit mois, donnée au profit de Martin Baron. Et encores lesdits de Chapitre, Pierre Hamelin, Michel Valles, Iean Guesdon, Michel Debouges, Simphorian Filleul, Pierre Couldret, Martin Plumé, Sergens Royaux au Bailliage & siege presidial dudit Chartres, & chacun d'eux pourueu d'vn estat de Sergent en la iustice temporelle desdits de Chapitre, appellans de deux sentences des vnziesme Septembre & quinziesme Octobre audit an mil six cens dix. Et encore lesdits de Chapitre, Noel Desfreux, & Guillaume Bellanger, Sergents en leur iustice temporelle de Loin, appellans d'vne autre sentence du sixiesme Nouembre audit an, tant comme de Iuge inconpetant & entreprise de Iurisdiction qu'autrement, d'vne part : Et ledit Martin Baron, & Maistre Guy Robert, Preuost dudit Chartres, & Maistre Iacques Veillard Substitud de nostre Procureur General en ladite Preuosté, & la Communauté desdits Sergens Royaux au Bailliage dudit Chartres inthimez d'autre. Et encores lesdits de Chapitre appellans d'vne autre sentence donnée par ledit Maistre Guy Robert, Preuost, le vingt-sixiesme Octobre mil six cens vnze d'vne part: Et ledit Maistre Iacques Veillard Substitud, inthimé en son nom d'autre. Et encores lesdits de Chapitre, prenans la cause pour Martin Plumé Sergent, appellans des sentences & iugemens donnez par le Lieutenant en la Preuosté de Chartres, le vingt-septiesme Mars mil six cens quatoze, comme de Iuge incōpetant, & entreprise de Iurisdiction d'vne part: Et ledit Maistre Iacques Veillard inthimé d'autre. Et encores entre lesdits de Chapitre, demandeurs aux fins d'vne commission du quatre Iuin mil six cens quatorze d'vne part, & Maistre Gilles Guerin, cy deuant Preuost dudit Chartres, deffendeur d'autre. Et entre ledit Guerin, demandeur en augmentation de demande & reglemēt par le moyen de ses defences du quatorze Iuillet mil six cens seize d'vne part & lesdits de Chapitre, deffendeurs d'autre. Et encores entre lesdits de Chapitre, demandeurs aux fins d'vne commission du quinze Iuillet mil six 16. d'vne part, & Maistre Martin Trauers Substitud, & resignataire dudit Veillard defendeur d'autre. Et entre Messire Henry de Savoye, Duc de Nemours, demandeurs en requeste du vingt-septiesme Auril mil six cens dix-sept, pour

C iiij

estre receu partie interuenante audit procés d'vne part; & lesdits de Chapitre defendeurs d'autre. Et encores entre lesdits de Chapitre, demandeurs aux fins d'vne commission du vingtquatre Decembre mil six cens vingt-vn d'vne part; Et Maistre Iean Couard, à present Preuost dudit Chartres, defendeur d'autre : Et encores entre Maistre Michel Nicole, Lieutenant en ladite Preuosté, Charles Chalines Conseiller, Matin Trauers Substitud, Iean Grauelle Greffier ciuil, & Iean Houy Greffier des presentations de ladite Preuosté, demandeurs en requeste du vingt septiesme Nouembre mil six cens vingt trois d'vne part, & lesdits de Chapitre defendeurs d'autre, ou les Procureurs desdites parties : Et Veu par nostredite Cour ladite sentence du vingt huictiesme Aoust mil six cens dix, par laquelle, sans auoir esgard au renuoy de la cause requis par Maistre Robert Tulloue, Procureur fiscal desdits de Chapitre, pardeuant leur Maire de Loëin, Iuge & garde de leur Iustice temporelle, ledit Preuost auroit fait defences à Estiennette Dubois, demeurante à Mainuillier, de faire cōtinüer les poursuittes encommencée à faire contre Michel Fourré son mary, pardeuant ledit Maire de Loëin : Et a iceluy Fourré de poursuiure l'instance criminelle par luy

de Parlement. 41

intentée contre ladite Dubois sa femme, pardeuant ledit Maire de Loein, ny ailleurs que pardeuant luy, à peine de cent liures d'amende, auec defenses à tous les Manans & habitans de la ville & banlieuë dudit Chartres, & particulierement aux habitans de Mainuillier, demeurans dans les maisons estans en la Censiue de ville & banlieuë, appartenât ausdits de Chapitre, de poursuiure à l'aduenir aucunes actions, soient ciuilles ou criminelles, ny respondre pardeuant autre Iuge que pardeuant luy soit pour ce qui concerne la iuridiction ordinaire, ou la recognoissâce du droit de cés, ou autres droits Seigneuriaux, à peine de pareille amende; & aux Sergens Royaux, ou autre, de donner aucunes assignations pour lesdits habitans estans en la censiue du Chapitre, ailleurs que pardeuant luy & aux Procureurs de ladite Preuosté d'y occuper, à peine d'amende arbitraire: Et ordonné que ladite sentence seroit leuë à son de trompe, & cry public par les carrefourts de ladite ville de Chartres, & village de Manuillier: Veu aussi l'execution & publication de la susdite sentence du vnze Septembre ensuiuant: Ladite sentence du treize dudit mois, par laquelle ledit Preuost auroit deschargé ledit Baron de l'amende en laquelle ledit Maire de Loëin l'auroit condamné, pour auoir distrait la iustice, & auoir fait appeller lesdits Fourré & sa femme pardeuant ledit Preuost. Autre sentence du treiziesme Septembre mil six cens dix, par laquelle ledit preuost auroit ordonné que le Procureur de Seigneurie dudit Chapitre auec leur Sergens, estans aussi Sergés Royaux, seroient appellez pardeuant luy pour opter l'vn desdits offices, auec defenses audit Procureur d'ocupper en la cause des nommez Bizard & consors, ailleurs que par deuant luy : Et aux Curé dudit Naimuillier & autres de la ville & banlieuë de publier en leurs prosnes ny autrement aucuns mandemens ou ordonnances dudit Maire de Loëin, côtraires à la susdite sentence du vingt-huictiesme Aoust mil six cens dix, à peine de cinquante liures d'amende. Autre du 15. Octobre audit an six cens dix par laquelle ledit Preuost, à la requeste dudit Substitud, & de la Communauté desdits Sergens Royaux audit Bailliage, auroit ordonné que lesdits Valles & consors Sergens Royaux, & dudit Chapitre, seroient option dans vn mois de l'vn de leurs offices : Ladite sentence du sixiesme Nouembre audit an, par laquelle, à la requeste dudit Substitud, il auroit condamné lesdits Desfreux & Bellanger, Sergens dudit Chapitre, en dix liures d'amende, pour auoir assigné par deuant ledit Maire de Loëin les nommez Caron & Heurtault, pour payer cens, & bailler par declaration leurs maisons & heritages tenus à cens du Chapitre, & fait defenses de proceder pardeuant ledit Maire: Celle du vingt-cinq Octobre mil six cens vnze, par laquelle à la requeste dudit Substitud, ledit Preuost auroit ordonné que les meubles de la vefue Doinet, estans en sa maison scize en la iustice & Chastellenie de Leues, & inuentoriez par le Notaire dudit lieu, seroient vendus par vn Sergent Royal: Autre sentence du vingt sept Mars mil six cens quatorze, donnée par le Lieutenant en ladite Preuosté, par laquelle il auroit condamné ledit Plumé, Sergent dudit Chapitre, en vingt cinq liures d'amende, pour pretenduë distraction de iustice de ladite Preuosté: Autre sentence dudit iour, portant defenses audit Plumé de faire aucune informatió contre l'accusé y dénommé : Arrests des quinze Mars & vint-sept Septembre mil six cens quatorze, & dix-huict Septembre mil six cens quinze, par lesquels sur toutes lesdittes appellations les parties auroient esté appointées au Conseil, à bailler causes d'appel, réponses & produire, bailler contredits & saluations, causes & moyens d'appel desdits appellans, réponses à icelles desdits Veillard, Baron, & Communauté des Sergens Royaux, forclusions d'y répondre par ledit Robert; Productions defdits de Chapitre, Baron, & Communauté des Sergens, forclufion de produire par lefdits Robert & Veillard; ladite Cōmiſſiō du quatrieſme Iuin mil ſix cēs quatorze, tendante à ce que l'Arreſt qui interuiendroit fuſt declaré executoire contre ledit Maiſtre Gilles Guerin, cy-deuant Preuoſt dudit Chartres, défenſes, repliques, dupliques, appointement en droiɛ̀t & ioinct, eſcritures & productions deſdites parties, la demande dudit Guerin en augmentation du quatorze Iuillet mil ſix cens ſeize, à ce que défenſes fuſſent faittes auſdits de Chapitre & à leur Maire de Loëin d'entreprendre aucune cognoiſſace, cour ny iuriſdiction en la ville faulxbourgs & banlieuë dudit Chartres, qu'au prealable ils n'euſſent fait apparoir des conceſſions & priuileges à eux octroyez à cette fin, ſuiuant l'Arreſt du ſixieſme Aouſt mil ſix cens vn : Et qu'au cas que leſdits de Chapitre iuſtifient eſtre fondez en iuſtice dans ladite ville faulxbourgs & banlieuë, qu'ils ne la pourroient exercer ſinon ſur ceux qui ſont demeurans au dedans de leur cloiſtre, & vingt-ſix maiſons Canoniales hors d'iceluy, pourueu & au cas qu'elles ſoient habitées par aucuns de leurs corps & non autrement : Et que defenſes fuſſent faictes auſdits de Chapitre, leur Maire de Loëin, & à leurs officiers d'entreprendre cy apres aucune exercice de police en ladite ville, soit audit cloistre, ou ailleurs ; ains l'en laisser & souffrir ioüir cóme Iuge Royal & politique uaquel elle est attribüée par les ordōnāces Royaux, priuatiuement à tous autres, & que defenses leur fussent pareillement faictes d'auoir plus d'vn Procureur de Seigneurie, auec deux autres Sergents, ou tel autre nombre que la Cour aduiseroit : Et outre, que ledit Preuost auroit preuention sur tous les subiets dudit Chapitre, defenses, appointement en droit & ioinct, escritures & productions des parties, contredits desdits de Chapitre, & Guerin des susdites instances & saluations d'iceux de Chapitre : La commission & demande dudit Chapitre du quinze Iuillet mil six cens seize, à ce que l'Arrest qui interuiendroit fust declaré executoire contre ledit Maistre Marin Trauers Substitud, comme il eust esté contre ledit Veillard son resinataire, defenses, appointement en droit, escritures & productions des parties : Ladite requeste d'interuention dudit sieur Duc de Nemours & de Chartres du vingt-sept Auril mil six cens dix-sept, production de Chapitre, forclusions d'y bailler moyens d'interuention, & produire par ledit sieur Duc de Nemours : La cómission & demande desdits Chapitre, du vingt-quatre Decembre mil six cens vingt vn, tendante à ce que l'Arrest qui interuiendroit fust declaré executoire etre ledit Maistre Iean Couard comme il eust esté contre ledit Guerin; defences appointement en droit, escritures & productions des parties, la requeste & demande desdits Maistre Michel Nicole Lieutenant en ladite Preuosté, Chalines Conseiller, Trauers Substitud, Grauelle Greffier ciuil, & Houic Greffier des presentations d'icelle Preuosté, du vingt sept Nouembre mil six cens vingt trois, à ce qu'ils fussent receues parties interuenantes audit procés : Leurs moyens d'interuentions, responses à iceux desdits de Chapitre, du cinquiesme du present mois, tendante à ce que l'estat des vingt six maisons Canoniales, sizes hors leur cloistre fust ioint audit procés, ladite requeste & pieces y attachées communiquées, & mises au sac, de l'ordonnance de nostredite Cour : Autre requeste desdits Officiers de ladite Preuosté, du huictiesme du present mois de Feurier, par laquelle ils declarent ne vouloir contre dire ledit estat. ains, qu'ils l'employoient à leur fins, aussi communiquée & mise au sac de l'ordonnance de nostredite Cour. Conclusions de nostre Procureur General, & tout ce que lesdites parties ont mis & produit, & cósideré. NOSTREDITE COVR, faisant droict sur tout, A mis & met lesdites appellations & ce dont á esté appellé au neant, sans amende: En emendant, A ordonné & ordonne, que la transactiõ du Lundy d'apres la sainct Mathieu, de l'an mil trois cens six, faite entre le comte de chartres d'vne part, & lesdits de chapitre d'autre, sera entretenuë de poinct en poinct selon sa forme & teneur: Et suiuant icelle, A maintenu & gardé, maintient & garde lesdits de chappitre au droict & possession de toute iustice, haute, moyenne & basse, en l'estenduë de leur cloistre, & maisons y scituées, ensemble en vingt-six maisons Canoniales scituées hors ledit cloistre, Sçauoir dix en la ruë sainct Iean, autrement appelée des Vasseleurs apresent possedées par maistre Mathurin le chandelier, Anthoine crespon, Oudart Drouard, Simon Marces, Estiéne Nepueu, Nicolas Boulard, & Philippes de Halot, tous Chanoines en ladite Eglise: Vne par le sieur Hurault comte de chiuerny: Et vne par les Prieure & Religieuses carmelites: cinq en la ruë du grand Beauuais, quatre desquelles sont possedées par maistre Loüis chiconneau, Gabriel Brillet, Iean Robert Soubs Doyen, & Mathurin Robert, Chanoines, & la cinquiesme, où pend pour enseigne l'escu de France, apresét loüée à gens Laicqs: Trois ruë du petit Beauuais où se tiennent maistre claude

Ce qui est adiugé definitiuement au Chapitre.

Cloistre nostre Dame.

Les vingt six maisons Canoniales.

Grenet Archidiacre de Puiserais, Iean Cauuin Chanoine, & .... Iarri Chantre en icelle Eglise: Trois ruë de la Montonnerie, habitée par maistre Iacques Gaultier Cheuecier, Michel Grenet, & .... Decremeur Chanoines: Vne scize rue de glice-putain, tenuë par maistre Michel le Roy Chanoine, & en partie baillée à rente à .... Liard: Vne scize ruë des flacons, habitée par maisttre Claude le Bel Chanoine: Vne ruë de Murer tenue par maistre Iean Girardo Archidiacre de Dreux: Vne rue cuiere, tenuë par maistre Eloy Iourdain Chanoine: Vne rue serpente, possedée par maistre Edme Riuiere Chanoine en ladite Eglise: Auquel cloistre & vingt-six maisons, lesdits de Chapitre pourront faire exercer toute iustice, haute, moyenne & basse, par leur Maire & garde de leur iustice temporelle de Loein, ensemble sur tous les Chanoines de ladite Eglise, Clercs de chœur, Marguilliers, Sergéts de leurdite Eglise, & leurs domestiques en quelque lieu qu'ils soient demeurás en ladite ville de Chartres, mesme hors ledit cloistre, & vingt-six maisons sans que lesdits Officiers de la Preuosté en puissent prendre aucune iurisdiction ni cognoissance, pour quelque cause & occasion que ce soit. Et neantmoins, si aucune desdites vingt-six maisons est possedée

Les maisons des Chanoines clercs de cœur, Marguilliers & Sergens d'Eglise demeurant hors le Cloistre.

Maisons Canoniales posedés par laics appartiennét au Iuge Royal

possedée par gens laïcs, la iustice en appartiendra aux Officiers de ladite Preuosté, tant que lesdits laïcs y seront demeurans : Et encores, à maintenu lesdits de Chapitre en possession de faire exercer par leurdit Maire de Loin iustice foncière en tous les lieux estans en leur censiue dans la ville & banlieuë de Chartres, suiuant l'article cent vnze de la Coustume du païs Chartrain : Et outre, d'auoir toute iustice, haute moyenne & basse, en leurs terres & seigneuries de Leues & bois de Leues; & d'auoir en chacunes d'icelles Bailly, Procureur Fiscal, Tabellion, & autres Ministres pour exercer ladite iustice : Ausquels de Chapitre toutesfois nostredite Cour à faict inhibitions & defenses d'auoir plus d'vn Procureur Fiscal en chacune de leurs iustices? Et aux Officiers Royaux de tenir aucunne charge ny Office dependant dudit Chapitre, Enioinct à ceux qui en sont pourueuz d'obter dans deux mois : Autrement, & à faute de ce faire dans ledit temps, & iceluy passé, les Offices qu'ils tiennent de nous sont declarez vaccans & impetrables. Et sur les demandes desdits Officiers de la Preuosté, touchant la visitation des marchandises qui se vendent audit cloistre a mis les parties hors de cour & de procés : Ordonne que l'Arrest du premier Aoust mil six cens seize, concernant la

Iustice fonciere adiugée au Chapitre sur les maisons de leur censiues.

Toute iustice adiugée au Chapitre en leurs seigneuries de Leues & hors de Leues.

Que le Chapitre n'aura qu'vn procureur fiscal.

Enioint aux Officiers Royaux qui sont de Chapitre d'opter dans deux mois.

Que pour la police.

D

police de ladite ville, sera gardé & observé entre eux selon sa forme & teneur: Et auant faire droict sur les demandes dudit de Chapitre, pour estre maintenus en possession de toute iustice haulte moyenne & basse, és autres lieux & maisons pretendus estre de leur censiue & sur les personnes y demeurantes, sizes dans la ville, faulx bourgs & banlieuë de Chartres, Ordonne qu'ils articuleront plus amplement leurs faicts dans vn mois, ausquels les Officiers de ladite Preuosté responderont vn mois apres Et que quinzaine apres descente sera faicte, figure & description desdits lieux par vn Peintre, dont les parties conuiendront pardeuant l'executeur du present Arrest: Autrement & à faute de ce faire, en sera par luy pris & nommé d'office: Produiront les parties à la quinzaine ensuiuant, bailleront contredits & saluations dans le temps de l'ordonnance: Pour ce faict & rapporté, leur estre difinitiuement faict droict ainsi que de raison. Et ce pendant par prouision, & sans preiudice des droicts des parties au principal, Ordonne que lesdits de Chapitre iouïront de toute iustice, haulte, moyenne & basse, qu'ils pourront faire exercer par leurdit Maire de Loin és lieux de ladite ville, faulx bourgs & banlieue qui ensuiuent. Premierement, en & sur six maisons sizes

Arrest interlocutoire.

Prouision adiugée contre le Roy.

Ce qui est adiugé par prouision.

de Parlement.

en Muret, cy deuant possedées par, Guillaume Haligre, Iean Pean, Iean & Vincent les Courtains, dont la censiue & iustice leur a esté cy deuant & dés l'an mil deux cens cinquante trois cedée par les Religieux & Abbé de Citeaux.

Item sur le lieu & maison du four boyau, sis deuant l'Eglise sainct Saturnin, acquis par ledit Chapitre de Geoffroy de Guieuille en l'an mil deux cens cinquante deux, & de Hugues Lanier en l'an mil deux cens soixante trois: Et encores sur vne maison size rue aux asnes, n'agueres appartenant à Pierre Sauoureau: Deux maisons, appellées Senderuille, rue du cheual blanc, appartenantes aux heritiers de maistre Nicolle Frerot Aduocat: Dix maisons sizes entre la porte Drouaise & le pont aux arches, cy deuant possedées par Iean Hezard, Gilles Bercher, Pierre le Seneux, Pierre de sainct Germain, Matri & Iean les Bedioux: les hoirs Iacques Quadrenuaulx: La maison de la cloche, size rue de la cloterie, n'agueres habitée par l'Esleu Chalines: Quatre maisons rue de Bourgs, qui ont iadis appartenu à Pierre Hannequin, Anthoine Sachet, Iean Bauuier, & Estienne le Texier: Six maisons des Estuues & pain chault, anciennement appellées lieu de fourmaget, size rue de coupesouppe, possedées par Iacques de Tá-

1.
2.
3. 4. 5. 6.
muret.

7. four boyau

8 maison de sauoureau rue aux asnes.

9. & 10.
Deux maisons de senderuille rue du cheual blanc.

11. 12. 13. 14. 15. 16. 17. 18. 19. 20.
Dix maisons entre la porte drouaise & le pont aux arches.

21. 22. 23. & 24.
Quatre maisons rue de bourgs.

25. 26. 27. 28.

D ij

30. six maisons des Estuues,
31. La maison de la pomme de pin.
32. La maison du courbasson.
33. 34. 35. 36. 37. 38. 39. 40. 41. sont neuf estaux de la boucherie du cloistre.
42. 43. 44. 45. sont quatre maisons ruë du cheual blāc
47. 48. 49. & 50 sont quatre maisons iardis, & appentis ruë de la porte aux Cornus.
51. est la maisō de la magdeleine.
Fauxbourgs porte des espars.
52. le chapeau rouge, 53. 54. 55. 56. 57. & 58. 59. qui sont les maisons Richard Vache-

plume, Colas Bordet, Pierre Pean, Robert Poignant, Matri de villemain, & Michau Baudet : La maison de la pomme de pin, size deuant les lisses du Chapitre, marché aux cheuaux : La maison du courbaston, appartenant aux heritiers de Hierosme Trossart, sise ruë de la croix aux Moines de Thiron : Neuf estaus de la Boucherie de la porte neufue du cloistre, iadis appartenant à Iean Iumeau, Iean Plumé, Iean Leprestre, & Aignan Sauare : Quatre corps de maison tenans l'vn à l'autre, rue du cheual blanc, où pend pour enseigne le cheual blanc, Quatre maisōs iardins & appentis, sises ruë de la porte aux cornus, anciennement appartenantes à Iacques Boutesauge, Macé Cheualier, Gillot Aubry, & Guillaume Bossart: La maisō de la Magdelaine, sise ruë du tartre sainct André, nagueres possedée par Fiacre Iauelle Chantre.

Item aux faulx bourgs de la porte des espars, deuant les Cordeliers, les maison, court & iardin où pend pour enseigne le chapeau rouge, iadis appartenāt à Iean Mesnager : Plusieurs corps de maisons, estables, court & iardin sis audit lieu, compris vne portion de ladite maison du chapeau rouge, iadis appartenant à Iean Quatregrains : Sept maisons sises audit lieu, iadis appartenant à Richard Vacherot, Nichaise Pipereau,

de Parlement.

Guillaume Leuesque, & Pierre Deschamps: Dix maisons & plusieurs iardins de la Housse Gillet, sise audit faulbourg, es rues de Feillet, iadis possedée par Iean Heurtault, Perrine André, Matri Bedront. Robert du Moustier, Gilles Percheron, Caru & Pierre Hinault Iacques Aubin, Bertrand le Suiret, Iacques Montodoin, Iean Durād, Guillaume Regnard, Macé Loiseux, Pierre Bachelier, Iean Pean, Gillet Nouillart, & les logis de la croix de fer & corne de cerf sis audit faulx bourg. Itē les Nicochet, Mautrou, & clos de nostre Dame, appartenant audit Chapitre, sis audit faulx-bourg és enuirons, & aux faulx-bourgs de la porte Chastelet: Le clos de la Chancellerie, possedé par la veufue de Chemineau thuillier: Le cimetiere de l'aumosne de Chapitre: Les maisons, iardins & autre heritages assis en Vauroux & Rachigny, qui ont cy deuant appartenu à Iean Couldray, Iean le Breton, Michault Rougeoreille, Iean Villais, Robert Beaupere, Iean Guiet, Michau Caru, Pierre de Louuille René Deslignerie: Le Couuent de sainct Iean en vallée, Marin Deseruis, Estiēne Chauron, Vincent Aleaume, Guillaume Mire, & Michau Caru. Item les maison & iardins assis au Bourg Mahieu, anciennement possedée par Robert Boisson, Iean Regnard, Nicole Pom-

rot Nicaise pipereau Guillaume Leuesques & Pierre des champs. 60. 61. 62. 63. 64. 65. 66. 67. 68. & 69. dix maisons de la Housse Gillet es rues de feuillet.

70. & 71. Les logis de la croix de fer, & corne de serf.

72. 73. & 74. fauxbourgs de la porte du Chastellet.

75. le clos de la Chancellerie. 76. & 77. en Vauroux & Rachigny. iusques à 15. maisons.

78. les maisōs du bourg Mahieu, iusques à neuf maisōs.

D iij

meraye, Iacques Picquot, Marie Fleury, Marie Simon, Iulien Moreau, Gilles Souard, & Anthoine Plumé : Et aux faulx-bourgs de la porte Drouaise, autrement de sainct Maurice, les maison & iardins de lieux de le Barre & Vanioli, auec le maisons & iardins six à main droicte sortant d'icelle porte, possedez autresfois par Benoist & Iean Dupuisy, Iacques Bert, Iean l'Estourneau, Iean Caron, Iean Mignon, Richard le Moine, Blaise Vesseur, & Matry Morest; Et autres maisons sizes à main gauche sortant de ladite porte iusques à la ruë de Beaulieu, autresfois possedez par Iean Bichot, Mathurin Cheneuix, les aueugles de sainct Iulien, Yues le Cordier, Agatte Laumusette, auec la place & verger tenante à ladite ruelle : Et encores les masons & iardins du clos Erard, iadis possedez par Iacques Paris, Claudine Poirier, Guillaume Poirier, la Dame Descrottes, les Gaigers de S. Maurice, Martin Bourgeot, Noel Vllery Loüis Sachet, Estienne de Beausse, Guillaume Morignier, Iean le Tessier, Girault Lochon, les Chappelains des dix autels, Henry Girard, Iacques de l'Espine, Guillaume Berthereau, Mahiet Quetart, Regnault François, Martin Rossignol, Estienne Germain, Iacques Haligre, Raoul le Cordier, & Michel Denis. Et en la banlieuë de ladite ville de Chartres, iouïront

Fauxbourg porte Drouaise 79. la barre 80. vaut, 81. huict maisons pres la Barre.

81. six maisōs ruë de beaulieu.

83. les maisōs du clos Brard.

vingt trois maisons.

Banlieuë.

aussi par prouision de toute iustice, haulte, moienne & basse, sur les maisons & heritages estans en la censiue dudit Chapitre, sis à *Mainuillier, Seréuille, Gorget,* & *les Grauiers*: Ensemble le lieude *Beriouuille*, & sur les personnes y demeurantes; Esquels lieux neantmoins cydessus specifiez, ausquels la iustice est adiugée audit Chapitre par prouision, lesdits Officiers Royaux auront la preuention sur tous les hostes & censiers desdits de Chapitre: Moitié de tous les despens compensez, l'autre moitié reseruez. Sy te mandons, à la requeste desdits Doyen, Chanoines & Chapitre de Chartres, mettre le present Arrest à execution, selon sa forme & teneur, De ce faire te donnons pouuoir. Donné à Paris, en nostre Parlement, le neufiesme iour de Mars, l'an de grace mil six cens vingtquatre: Et de nostre regne, le quatorziesme.

Mainuillier,
Seruille.
Gorget.
Les grauiers.

Beriouuille.
Preuention
adiugée aux
officiers du
Roy.

Ainsi signé,

PAR LA CHAMBRE,

GALLARD.

Et seellé de cire iaulne.

D iiij

ARREST par lequel la cognoissance des crimes faictz sur grand chemin, est declarée appartenir aux Preuostz Royaux, quand ils ont preuenu.

Extraict des Registres de Parlement.

NTRE les Doyen, Chanoines & Chapitre de l'Eglise nostre Dame de Chartres, appellans de la procedure criminelle faicte par le Preuost de Chartres, à la Requeste de Maistre Guy de Lannay Esleu de Mante, & Jacques Cordier, Notaire au Chastelet de Paris, tuteur des enfans de feu Maistre Guillaume de la Besuille, viuant Procureur au Chastelet, & Marguerite Langlois, leur pere mere, heritiers par benefice d'inuentaire, de feu maistre Christophle Langlois, viuant Chanoine en l'Eglise dudit Chartres, le Substitut du Procureur general en laditte Preuosté, joinct auec eux pour raison du larcein pretendu faict des meubles dudit Langlois, en sa maison, & des actes & jugements donnez par ledit Preuost, le 22. 23.

& 24. May 1597. comme de Iuge incōpetant, entreprise de iurisdictiō, & deny de renuoy, d'vne part: Et maistre Guy Robert, Preuost dudit Chartres, intimé & pris à partie en son nom, d'autre part, encore lesdis Doyen- Chanoines & Chapitres, & Iean Aubouin, Sergēt de leur Iustices, appellant d'vne sentence donnée par ledit Preuost, le 10. Iuin 1600, d'vne part: Et ledit Robert, intimé & pris à partie, d'autre. Et encore lesdits Doyen, Chanoines & Chapistre de Chartres, appellans des deffenses faictes par ledit Preuost, à vn nommé Guerrier, executeur du testament de deffunt maistre Pierre Brissot, de faire proceder à la vente des biens meubles delaissez par ledit deffunt Brissot, viuant Prestre decedé en la maison du Presbitaire de sainct Martin le viandier dudit Chartres par autres que par les Sergens Royaux; & d'vne sentence donnée par le Bailly de Chartres ou son lieutenant, le 9. Aoust audit an, d'vne part: Et ledit Preuost, Louis le Bau, & Louis Heurtaut, Sergens Royaux au Bailliage de Chartres, & Procureurs de la cōmunauté des autres Sergents Royaux audit Bailliage, intimez en leurs noms, d'autre. Et encores lesdits Doyen, Chanoines & Chapitre, appellans de la procedure criminelle, faicte à la requeste du Substitu dudit Procureur general en ladite Preuosté, par le Preuost, pour raison de l'homicide commis en la personne de Francois Cirace, au grand chemin qui va de Chartres à Anneau, comme de Iuge incompetant entreprise de Iurisdiction, & deny de renuoy, d'vne part : Et ledit maistre Guy Robert, Preuost Royal audit Chartres, maistre Iean Mensnier, Cōseiller en ladite Preuosté, & maistre Iacques Veillart. Substitu du Procureur general en ladite Preuosté, pris à partie en leurs priuez noms, d'autrepart. Apres que Girard pour les appellans, qui à conclu en leurs appellations, pretendant entreprise sur leur Iurisdiction, au preiudice de la transaction faicte auec le Conte de Chartres, & des Arrestz ; Dolet pour les officiers de la Preuosté, le Feron pour les Sergents; ont esté ouys sur lesdittes appellations & folles intimations pretenduës : Ensemble Seruin pour le Procureur du Roy. qui à dit que les Aduocatz des Doyen, Chanoines & Chapitre de Chartres, d'vne part, & de maistre Guy Robert, Preuost dudit Chartres & des officiers & Sergents Royaux d'autre, leur ont communiqué au parquet, sur quatre diuerses causes qu'il est besoin d'esclarcir en peu de mots : En la premiere voyent qu'il estoit question de la substraction & enleuement des meubles de feu maistre Christofle Langlois, Chanoine de Chartres, par Mesmine Fizelier sa seruante, & autres ses domestiques, apres le deces dudit Langlois, aduenu sur la fin de Ianuier 1697. dequoy du commencemét y ayant eu quelque plainte faicte au Iuge du Chapitre, les officiers du Roy en ont pris la cognoissance, pretendant qu'il y à eu negligence ou procrastination de la part des officiers de Chapitre, lequel se pretend fondé en Iurisdiction, par tiltre de l'an mil trois cens six, portant accord faict entre le Roy, successeur aux droictz des Contes de Chartres, d'vne part; & le susdit Chapitre, d'autre. Mais comme la Iustice à esté accordée à certaines conditions, aux gens d'Eglise, il la doiuent faire rendre par leurs Iuges : & en cas de demeure, les officiers Royaux s'y peuuent entremettre, ainsi que iadis par les constitutions des Roys Charlesmaigne Et Louys Debonnaire, quand il y auoit de la longueur ou nonchalance des Iuges ordinaires, qui estoient Lors appellez, Comites, en ce cas il estoit loisible d'aller *ad præsentiam Principes*, lequel estât auiourd'huy representé par les Iuges Royaux ils peuuent rendre la Iustice, par le manquement des autres, côme icy donc depuis Ianuier iusques en May, ne se trouue de diligences faictes par les officiers de Chapitre, *saltem* il n'y en à eu de telles qu'elles puissent les excuser de negligence. La seconde cause est sur le faict d'entre Ieanne Regnard vefue Pierre Neueu, & Vincent Neueu son filz, contre Girad Boufineau. Pour ce faict, il se void que la querelle ayant commencé au lieu de chauannes, qui de verité est en la justice de Chapitre, Vincét Neueu, se ressentant outragé, seroit allé à Chartres, où s'estant accosté d'autres, ils seroient venus guetter Boufineau, & l'auroient battu sur le grand chemin Royal, dequoy le Preuost de Chartres, ayant pris cognoissance, sur les plaintes à luy faictes, & sur l'aduis qui luy auoit esté donné, que les Sergents de Chapitre auoient vsé d'intimidations à l'endroit de Boufineau, & d'vn autre qui estoit sorti de la maison du Preuost, & qu'ils auoient constituez prisonniers, pour les empescher de faire poursuittes de leur procés, en la Iustice Royalle. A ceste occasion, iceluy intimé, pour reprimer les voyes de faict pratiqué par Auboin Sergent du Chapitre, apres plusieurs contumaces & mespris, à condamnez lesdits Aubouin, en vne amende, par iugement, qui n'a point esté executé, Et en ce, la Cour peut iuger si l'inthime a faict autre chose que ce qu'il pouuoit & deuoit.

La troisieme Cause est pour vn inuentaire des biens de feu maistre Pierre Brisset, viuant Vicaire de sainct Martin le viandier à Chartres: jnuentaire faict par Debunes Notaire Royal, & Fauerel aussi Sergent Royal. Pretend le Chapitre, que cest inuentaire estant faict d'vn homme Ecclesiastique, est vne en-entreprise des officiers Royaux. Au cótraire, l'on soustient que Brissot estans decedé & vne maison où estoient ses meubles, hors le destroit & territoire de Chapitre & dans la iustice Royale, le Chapitre ne se peut plaindre iustement. Au reste l'appel interietté pour ce regard, est vne sentence du Bailly en laquelle l'intimé n'a aucun interest, n'estant point partie. Et partant, auec juste raison il a tendu à follement intimé. Et quant à l'inuentaire, il semble auoir esté bien fait, & n'a peu estre cassé par l'ordonnance faicte en Chapitre, quelque declaration que les appellans ayent fait faire aux officiers Royaux, qui est vne façon nouuelle, pour tirer des recognoissances, au preiudice des droits du Roy. La quatriesme cause est pour vn meurtre commis par Iean du Pasty, Michel du Pasty son frere, & son seruiteur, en la personne de François Cirasse, en venant de la foire d'Aunay soubs Anneau, sur vn grand chemin : ce quoy li appert par le procés verbal de maistre

Iean Mensnier Conseiller en la Preuosté en presence du Tabellion, du Chapitre, & des tesmoins oüis des Informations Pour ce faict, les appellans se plaignent de ce que ledit Preuost intimé, à fait emprisonner Auger Sergens du Chapitre, sur ce que l'on disoit qu'il auoit pris quelques habitans de la ville afin de les forcer de deposer en l'information qu'il vouloit faire. Mais ceste plainte est aussi peu juste que les autres, & iugera la Cour, s'il doit estre loisible aux Sergens du Chapitre, sans la permission des officiers Royaux, d'executer le decret commissions & iugemens, sur le territoire de la Iustice le Conte, qui est le Iustice du Roy: Et qu'au contraire les Sergens Royaux ne puissent exploitter dans le destroict du Chapitre. Pour le regard de ce qu'ils estiment deuoir requerir en telles causes, & que la iustice Royalle soit maintenuë, & l'intimé & autres officiers Royaux, declarez follement inthimez. Et au surplus, dautát que les crimes & delits dont les procés ont esté encommencez, demeurent impunis durant toutes ces contentions de Iurisdiction, requierent que tous les procés, auec les charges & informations, soient renuoiez au Preuost, pour plus pronte & briefue Iustice, pour estre les accusez par luy Iugez, sans preiudice de la pretenduë Iurisdiction du Chapitre,

de Parlement 63

en autres causes, La Cour à declaré & declare, tant les officiers de la Preuosté, que Sergents, follement intimez: condamné les apellans, és despens Ordonne neātmoins, que l'execution, pour l'amende, susoeira, & que l'execution des iugemēts en ce qui reste à executer, sera faicte par le Preuost, auquel est enjoinct, sans preiudice de la Iurisdiction des appellans en autres causes, faire bonne & briefue iustice aux parties. Et à faict deffense ausditz appellans, d'etreprendre Cour, Iurisdiction & cognoissance; autre que celle à eux appartenant par les concessions & priuileges. Faict en Parlement, le sixiesme Aoust 1601. signé Voysin.

ARREST Par lequel à esté Iugé que les Preuostz Royaux peuuent informer Et decreter contre les Chanoines.

Etraict des Registres de Parlement.

Omme ce Iourd'huy cōparans N. Chanoine & Promoteur en l'Eglise de Chartres, N. cōme ayant la garde de N. son fils N. appellās tant cōme de Iuge incompetant, qu'autremēt deuë-

ment, de la permission d'informer, decret de prise de corps, & de tout ce qui s'en est ensuiui, decerné par le Preuost de Chartres, d'vne part. Et N & sa femme intimez d'autre. Et les Doyen, Chanoines & Chapitre de ladite Eglise, demandeurs en requeste par eux presentée à la Cour, le 23. May dernier, tendāt à ce que, en cas que nostre dite Cour trouuast qu'il y eust lieu de renuoy, que ledit N. fust renuoiez pardeuant leur Official, pour luy estre faict & parfaict son procés, à la charge du cas priuilegié d'vne part : Et lesdits N. & sa femme deffendeurs d'autre. Veu par nostredite Cour, l'arrest d'icelle, de l'vnziesme ou present mois de Iuillet, doné entre les parties, par lequel apres que l'Aduocat & Procureur de l'appellant, n'ont sceu dire cause vallable, pour soustenir l'appel nostredite Cour auroit mis l'appellation au neant ordonné que ce dont a esté apellé, sortira effect auroit euoqué à elle, le principal differend des parties : Et apres que ledit N. appellant en persōne auroit pris droict par les Charges, ordōné qu'elle verroit les informations, & en delibereroit au Conseil. Veu ainsi les informations, faictes à la requeste dudit intimé contre ledit N. appellant, & la chanson dont il s'agist. Ouy en icelle nostredite Cour, ledit N. appellant, sur les cas contenuz ausdites informations : Et
tous

tout considere. Nostre dite Cour, sans s'arrester à la requeste desdits Doyen, Chanoines & Chapitre de Chartres, a ordonné & ordône que ledit N. Chanoine, à ses despens, baillera ausdits N. & sa femme, declaration qu'il les recognoist pour gens de bien & d'honneur, ne sçait que bien & honneur en leurs personnes: sera la chanson dont est question, supprimée: condamne ledit N. en la somme de trois cens liures enuers ledit intimé & sa femme, pour reparatiō ciuile: à aumosner cent liures au pain des prisonniers, & pareille somme aux pauures de l'Hostel Dieu de Chartres: à tenir prison, iusques à plein payement desdites sommes: & pour le regard desdits N. N. les a mis & met hors de Cour & de proces. Et neātmoins condamne ledit N. Chanoine, en tous les depens du proces. Donné à Paris, en Parlement, le dixhuictiesme Iuillet, l'an de grace mil six cens vingt, & de nostre regne l'onziesme. Signé Par la Chambre, Voysin, & scellé de cire iaune.

E

HOC EST INSTRV-
mentum factum propter contentionem motam inter Dominum Carolum Comitem Carnotensem ex vna parte, & Reuerendum in Christo Patrem, eiusdem loci Episcopum, ex altera, sub pluribus rebus iniustè factis.

IN nomine Domini, Amen. Pateat vniuersis præsens instrumentum publicum inspecturis, quòd de contentionibus motis inter gentes Illustrissimi Principis Domini Caroli filij Regis Franciæ, Comitis Carnotensis, ex parte vna: Et Reuerendū in Christo Patrem ac Dominum, Dominum Episcopum Carnotensem, ex altera: Nobili viro Domino Erardo de Tyenges domini de Valleriaco, Milite, & discreto viro Petro Honorati, Baillino Alenconense, ex parte dicti Domini Comitis tractatoribus, vt pateret per literas præfati Domini Principis, sigillo sigillatas, quarum tenor talis est.

CHarles fils de Roy de France, Comte de Valois, d'Alençon, de Chartres & d'Anjou: à nos amez & feals Meſſire Erard, Seigneur de Vallery, & Pierre Honoré, ſalut. Comme ſur pluſieurs articles contentieux entre nous & noſtre gent, d'vne part, & Reuerend Pere en Ieſus Chriſt, Iean par la grace de Dieu, Eueſque de Chartres, & ſa gent d'autre, ait eſté contens, deſcort & diſſenſion, & ait longuement duré, & pluſieurs fois eſté parlé de ſe accorder: Nous deſirans que toute matiere de deſcort & de contens entre nous & noſtre gent, & ledit Eueſque & ſa gent, ſoit du tout oſtée, & que ledit Eueſque, qui eſt noſtre cher & amé, ait paiſiblemét ſon droit & ſa raiſon, & nous le noſtre: Auſſi vous mandons, & ſpecialement commettons & de ce vous donnons pouuoir & auctorité, que vous alliez à Chartres, & aſſemblement auec deux preud'hommes que ledit Eueſque y mettra & deputera à ce pour ſa partie, tous cas & articles contétieux entre nous & ledit Eueſque, mettez à fin deuë en la meilleure maniere que vous pourrez, appellez ceux qui y ſont à appeller. Et ce que vous en ordonnerez & ferez, nous promettons à tenir & garder pour nous & pour nos hoirs Comtes de Chartres: Et quant à ce obligeons nous & nos biens, & les biens de nos hoirs deſſuſdits, la gaE ij de la Maladerie dou grand Beaulieu de Chartres, les aurez que ledit Euesque demãdoit à auoir en ladite ville de Chartres, & le val d'Eure, que la Dame de Gallardõ auouë à tenir de nous, ces trois cas exceptez: lesquiex nous n'entendons à mettre à nulle ordonnance, mais les retenons du tout à nous, Donne. au Mine en Briue, le L'undy deuant Noel, l'an mil trois cens & vnze. *Nec non venerabilibus & discretis viris Magistris Gaufrido de Foucheux, Archiepiscopo Blesensi, in Ecclesia Carnot. & Reginaldo de Brossia, eiusdem Ecclesiæ Canonico, ex parte dicti Domini Reuerendi Patris (vt dicitur) tractatoribus constitutis: deinde concordato & ordinato per prædictos tractatores, super quibusdam huiusmodi contentionum articulis, restitutiones & resaisinæ quæ sequũtur, esse faciendæ & fieri deberi secundum formam & tenorem litterarum dictorum tractatorum, sigillatarum sigillis, quarum quidem litterarum tenor talis est.*

TRAICTÉ DE PAIX, entre le Comte de Chartres, & Reuerend Pere en Iesus-Christ, l'Euesque de Chartres.

Est cen qui est accordé & ordonné par noble homme Messire Erard de Tyéges, sire de Vallery, Cheualier, Pierre Honoré Bailly d'Alençon, M. Geufroy de Foucheux Archidiacre de Blois en l'Eglise de Chartres, & maistre Venant de la Brosse, Chanoine d'icelle, traicteurs des côtentz meuz entre les gens de Noble Prince & puissant Monsieur Charles fils du Roy de France, Côte de Chartres, d'vne part : Et Reuerend Pere en Iesus Christ, l'Euesque de Chartres d'autre.

Premierement, du premier article, faisant mention du cry & du ban que l'on a vsé de faire anciennement à Chartres, de par le Comte & de par l'Euesque, lequel a cessé à estre faict, & de cest article sera parlé à Monsieur le Comte, aincois qu'il soit autrement determiné.

Item d'vn orme qui fut pris à Mondouuille, du temps Regnaut de Beues, il a esté trouué que ce fut en la Iustice & en la seigneurie de l'Euesque : parquoy le

E iij

lieu sera resaisi.

Item de ginet tondu, qui fut pris en la maisõ Iean Iourdain à Mainuillier, trouué est que ce fut en la Iustice & en la seigneurie de l'Euesque : parquoy le lieu sera resaisi : & tout le demourant de la ville de Mainuillier, qui est tenu de l'Abbaye de sainct Pere, est de la iustice le Comte.

Item des fourches de Bercheres l'Euesque, que Guillaume de Mondis fit abbatre, si comme il est dit, trouué est qu'il estoient en la seigneurie de l'Euesque, & que il eut tort dou faire : parquoy le lieu sera resaisi.

Item d'vn Valet appellé Guiot Breton qui fut pendu à Chartres trouué est qu'il auoit bien deseruy, si comme les gens le Comte disoient : mais tonsure de clerc auoit, pourquoy pour la dignité de l'Eglise, l'Euesque en sera resaisi d'vne figure.

Item à sainct Cheron du chemin, où ledit Euesque maintient auoir Iustice en aucune partie qu'il disoit estre tenuë de ses fiefs, il n'est pas trouué que luy ne ses deuanciers y fissent onques Iustice : Ainçois est trouué que de tous cas de Iustice de si long temps qu'il n'est memoire du contraire, les gens le Comte y ont Iustice, parquoy la Iustice demeure à Monsieur le Comte.

Item de cen que ledit Euesque est plaintif, pour cause de Mess. Hué de Meslery, disant que la chose est tenuë de luy, que le Comte ne peut faire monnoie en la Comté de Chartres qu'il ne la face en la ville, & que de chacun millier, ledit Messire Huë doit auoir seize liu. & auec cen, certaines personnes de Chartres doinent garder les coins, & en ont emolument, lequel ils tiennent dudit Messire Hue, en ariere fief de l'Euesque. Et plus que la Iustice des faux monnoieurs, en quelque maniere qu'ils soient faussaires, doiue appartenir audit Messire Hue. Quant à cest article, qui est diuisé en trois membres, mais tous trois à mesme fin, il est dit que l'Euesque ne peut pas faire bonnement ceste demande, en l'absence de celuy qui est demenier, lequel en est en poursuite deuers Monsieur le Comte: Mais quand il luy plaira attraire cry pardeuers la Cour, l'en ly fera raison de tel droict, comme il peut auoir. Et si ledit Messire Huë ne le vouloit poursuiure, pour ce ne demouroit mie que ledit Mōsieur l'Euesque n'en peust pourchasser & suiure son droict.

Item de la complainte que l'Euesque faisoit, que l'on ly empesche, si comme il disoit, en aucunes coustumes, quand il sçait vendre son droict: C'est asçauoir dou cent de cire, quatre deniers deus à Monsieur le Comte, & deux à luy, & d'vn cent de cousteaux, quand il sçait vendre, deux deniers, sept à Monsieur le Comte, & sept à luy; il est bien trouué qu'ils partent par moitié és coustmes de la ville, parquoy tel droict, comme il a vsé anciennement, luy est deliuré.

Item de ce que les gens le Comte ne pouuoient pas souffrir que les gens de la terre l'Euesque de Pontgoint prinsent mine à Senonches, par leur argent, ainsi comme autres gens, il est dit que le Cōte, quand il ly plaist, & toutesfois qu'il ly plaist, peut bien denier & deffendre que la mine ne se parte de sa terre, mais se autres gens en auoient hors de la terre du Seigneur, & elle estoit donnée aux gens de l'Buesque, en semblable cas, vne dureté seroit, parquoy s'il est ainsi que autres gens en aient, ils en auront.

Item d'aucuns biens que l'Euesque demande à luy appartenir, pour cause de la forfaiture d'vn Percheron à Remenouille, est dit que c'est des fiefs de la Plice, lesquels le Vicomte de Chartres tient & aduoué à tenir de luy : les gens de la Dame de Gallardon maintiennent le contraire, & dient que c'est de leur haute Iustice, & de leur Seigneurie, pour raison du Chasteau de Gallardon, laquelle ils tiennent & aduouent à tenir de Mōsieur le Cōte. Et pour ce que l'aduen deladite Dame est reserué par especial en la commission, nous ne voulsimes aller auant, jaçoit ce que l'Euesque estoit prest de nous enformer sans delay, que s'estoit de ses fiefs, appellez les fiefs de la Plice.

Item de la riuiere de Chartres, des moulins Guillaume Iourdain, en à val, laquelle l'Euesque maintient à luy appartenir en Iustice, en seigneurie & en emolumét, & les gens le Comte maintiennent le cótraire, excepté la pescherie & le sablō, que il y cognoissent, mais la Iustice & la seigneurie vient à Monsieur appartenir.

Item de la maison Gilles Foison, de cen qui est par deuant; laquelle les gens l'Euesque dient estre franche de la Iustice le Comte, & les gens le Comte du contraire.

Item dou chemin de Nicochet, c'est asçauoir, dou puits en amont, iusques au delà de la maison de l'aumosne vers Vauperfont, duquel chemin les gens l'Euesque maintiennēt à eux appartenir la haute Iustice, & les gēs le Comte le contraire: sur ce plusieurs tesmoins ont esté ouïs d'vne part & d'autre. Mais pour cen qui determine, ne pouuoit pas estre par les tesmoins ouïs, & especialement pour aucuns defauts de tesmoins, qui sont encores à ouir de la part des gens le Cōte, & de la part de l'Euesque, si plus en veulent traire; il est accordé que de ces trois articles, le Bailly de Chartres, & le Chambrier l'Euesque ensemblemét, s'en enformeront prestement & sans delay, & l'information qu'ils en aurōt faicte, nous rapporteront ou enuoiront soubz leurs seaux, & sur ce, le droict de chacune part sera declaré. En tesmoins de ce, nous dessus nommez auons mis en ces lettres nos seaux. Ce fut faict l'an de grace mil trois cens & douze, le Samedy apres la sainct Pierre, entrant Aoust.

DE Tractatoribus Comitis

Onstitutis etiam & specialiter post modum destinatis à dictis tractatoribus, prouidis & discretis viris, Stephano Colli rubri, Præposito Carnotensi, & Roberto de Molendinis, pro parte ipsius Domini Comitis: Domino Theobaldo Thesaurario, Presbytero, Ioanne Helyti Clerico Consiliario, & Stephano de Calido furno seruiente dicti Domini Reuerendi Patris, pro parte sua, commissaryis ad prædictas restitutiones faciendas, petendas & recipiendas, vt in litteris dictorum tractatorum sigill. sigillatis continetur, quarum tenor talis est.

Idem de Tractatoribus.

ERard de Thyenges sire de Vallery, & Pierre Honoré, Bailly d'Alençō, traicteurs des contens meuz entre les gens de Noble Prince & puissant Monseigneur Charles fils de Roy de France, Comte de Chartres, d'vne part: Et Reuerend Pere en Iesus-Christ, Monsei

entre les S. Comtes de Char. 75

gneur l'Euesque de Chartres, d'autre: A nos amez Eftienne Colrouge, Preuoft de Charttes, Robert de Moulins, Procureur Monfieur le Comte à Chartres, & Hemery Galopin, bourgeois de Chartres falut & delection. Dou pouuoir qui nous eft donné, vous mádons & eftroictement cómádons que vous reftabliffez & reftituez les lieux defquels nous auons coneu & apefié en la maniere & en la forme que il eft cótenu en nos lettres feellées de nos feaux, & faciez bonner en maníre deuë: & de ce faire, à vous trois ou deux de vous, fe trois n'y pouuez eftre, dónons pouuoir & mandement, & mandons & commandons à tous nos fubiects, qu'en ce faict vous obeiffent. Dóné foubz nos feaux, l'an de grace mil trois cens & douze, le Dimanche apres la fefte fainct Pierre aux liens.

De Tractatoribus Epifcopi.

Geufroy de Foucheux, Archidiacre de Blois en l'Eglife de Chartres, & Renaut de la Broffe, Chanoine en ladite Eglife, traicteurs des contens meuz entre les gens de Noble Prince & puiffát Monfieur Charles fils de France, Cóte de Chartres, d'vne part: Et Reuerend Pere en Iefus-Chrift, Monfeigneur l'Euefque de Chartres, d'autrepart: A nos amez Monfieur Thibault Thefaurier, &

Estienne de Chaufour, & Iean Cliot Sergent Monsieur l'Euesque, dessusdits, salut & dilectiõ. Dou pouuoir qui nous est donné, nous vous mandons & estroictement commandons que vous restablissiez & restituez les lieux où les gẽs Monseigneur l'Euesque dessusdit ont faict surpris en la terre dou Comte, desquiex nous auons connu & apesié en la maniere & en la forme que il est contenu en nos lettres scellées de nos seaux, & des seaux de noble homme Monsieur de Tyenges, seigneur de Vallery, & honorable homme & sage, Pierre Honoré, Bailly d'Alençon, tracteurs des contens de par le Comte, & receuez en nom de Monseigneur l'Euesque, les resaisines & les restitutions, que les gens le Comte, dou commandement aux tracteurs dessusdits, & dou nostre, doiuent faire és lieux & en la terre de Monsieur l'Euesque, des surpris que la gent le Comte ont fait, & de ce vous donnons pouoir & mandement, & commandons à tous nos suiets en ce cas, que en ce faict ils obeissent à vous. Donné l'an de grace mil trois cens & douze, le Dimanche apres la feste sainct Pierre és liens.

entre les S. Comtes de Char. 77

Hic sunt resaisinæ iustæ, per gentes Comitis D. Episcopo factæ.

ANNO natiuitatis eiusdem Domini nostri Iesu Christi, millesimo trecentesimo duodecimo, indictione decima 7. id. Augusti, Pontificatus sanctissimi Patris ac Domini nostri Clementis, diuina prouidentia Papæ quinti, anno septimo, in mei Notary & testium subscriptorum præsentia, PP. & personaliter constituti prædictus Stephanus Colli rubri Præpositus Carnotensis, & Robertus de Molendinis, ex parte una: & prædictus dominus Thesaurarius, & Ioannes Heliotus, nominibus quibus supra virtutéque & potestate commissionum prædictarum, ipse Stephanus Præpositus, & Robertus de Molendinis, restitutiones & resaisinas quæ sequuntur, fecerunt ac compleuerunt. Et primò de dicto vlmo apud Mondonuillam in terra, dominio & iurisdictione dicti domini Reuerendi Patris, per Reginaldum de Benis, tunc têporalis Balliuum dicti D. Comitis, apud Carnotum, prædictos dominum Thesaurarium, & Ioannem Heliotum, præsentes, petentes & recipientes, nomine & potestate quibus supra, per traditionem eiusdem rami vlmi, ibidem restituerunt. & locum dicti vlmi capti videlicet iuxta crucem lapidis de Dondauilla, in chemino per quod itur de Mondonuilla apud sanctum Albinum, per dictum ramum ibidem fixum in terra resaisierunt, consitentes, dicentes & asserentes infra ipsi Stephanus & Robertº, nomine quo supra, dictum dominium & iurisdictionem huius loci, ad prædictum dominum Espiscopum pertinere, præsentibus Reginaldo Prioris Presbytero Notario Capituli Carnotensis, Ioanne Alberti Maiore dicti Capituli, Stephano Porcheri, Ioanne de Puteo, Benedicto dicto Fongendre, Simone Porcheri, Ieanne dicto Archer, Martino Crespin, Gaufrido Huau de Curuauilla, Maceta eius vxore, Guillot Rousselo de fontibus guidonis, Tenoti filio Ioannis de Puteo, Maria filia Gaufridi Crespini, Robino filio Ioannis Sutoris, Martino filio Ioannis Droiti de Dondauilla, & pluribus alijs testibus ad hoc vocatis & rogatis.

RESAISINÆ.

ITEM anno, Indictione, mense, die & Pontificatu prædictis, Stephanus Præpositus & Robertus de Molendinis commissarij prænominati, nomine & potestate quibus supra, in dicta domo Ioannis Iordain apud Manumuillare, in Iurisdictione & dominio dicti Domini Reuerendi Patris, existente de Bineto, vultum captum in domo prædicta, & post modum suspensum per gentes dicti domini Comitis, prædictos

entre les S. Comtes de Char. 79

dominum Thesaurarium & Ioannem Heliotum, præsentes, petentes & recipientes, nomine & potestate quibus supra, restituerunt, & dictum locum resaisierunt per vnum vultum siue figuram ibidem tractam, dicentes & asserentes prælibati Stephanus & Robertus, nomine quo supra, dictum dominum Comitem ibidem nullum dominium, nullamq; iurisdictionem habere, & quòd dicta domus iurisdictio & dominiũ ad præfatum dominum Episcopum pertinebat, præsentibus domino Reginaldo Prioris, Presbytero, Notario, Ioanne Alberti Maiore Capituli Carnotensis, Ioanne Saincoti, Stephano Mairefoti, Ioanne Brice, Odelino Pedisequa, Ioanne Begni, Ioanne de Prateo, Michaele Richer, Simone eius filio, Ioanne Leodegarÿ, Maceto Lorin, Guillelmo Lorin, Ioanne Richer seniore, Ioanne Richer iuniore, & pluribus aliis testibus ad hoc vocatis & rogatis.

De Vultu Bineti restituto.

PRæterea dicto vultu dicti Bineti restituto (vt dictum est) & delato de dicta domo Ioãnis Iordain, in Curia domus dicti Reuerendi Patris Carnotensis, ac posito, more solito, supra petram ad hoc & consimilia deputatã, in mei publici Notarÿ & testium subscriptorum presentia, Ioannes Alberti maior, & dominº Reginaldus Prioris Presbiter Notarius Capituli Carnotefis, ad hoc ſpecialiter deſtinati à Dec. & Cap. præd. (vt dicebant) nomine ipſorum Dec. & Capit. Eccl. Carnot. prædict. dicti vultum dicti Bineti, tāquam hoſpitem & omninò iuſtitiabilē Dec. & Capit. & Eccl. Carnot. prædict. apud Manumuillare in terra & dominio & iurisdictione ipſorū cōmorantem tempore captionis predictæ, prædicto domino Theobaldo, nomine quo ſupra, ſibi reddi ac reſtitui petierūnt, dicentes inſuper & aſſerentes quòd ipſi Decanus & Capitulum, in prædicta domo Ioannis Iordain nullum dominium, nullámque Iuriſdictionem habebant, nec etiam reclamabant, & quod dominium & Iuriſdictio dictæ domus ad dictū Dominum Epiſcopum partinebat, ſub cuiuſmodi petitionis forū. Idem dominus Theolbaldus eiſdem petētibus, ibidem reſtituit & reddidit dictum vultum presentibus Mauritio dicto Paris, Stephano Peigne, Clemente Guillo boni hominis, Ioanne Calligano, Ioanne de Rothomago, Ioanne Anglici Clerico, Ioannē Pictoris, Petro de Iouilla, Guillelmo Sumetier tabernario, & pluribus alijs teſtibus vocatis & rogatis,

Item eadem die Stephanus Præpoſitus & Robertus de Molendinis, prædicto nomine & poteſtate quibus ſupra, in turre prædicti Comitis Carnotenſis, de vna figura de vultu, loco Guioti Breton reſtituerunt, ſiue de vno vultu ſupra caput ſigno tonſuræ clericalis conſignato dicti Guioti Britonis clerici

du Com. de Char & de l'Eu. 81

rici suspensi per gentes dicti domini Comitis, prædictos dominum Theobaldum & Ioannem Heliotum, præsentes, petentes & recipientes, nomine quibus supra, restituerũt & resaisierũt propter dignitatẽ Ecclesiæ & tonsuræ clericalis, presentibus discreto viro Domino Thiercio generatario Domini Carnotensis Episcopi, dicto de Galato Magistro Carnificum Carnot. Ioanne eius filio, Stephano de Castrenxo, Stephano de Calido furno, Clemente de Furno, Episcopi Carnotensis camerario, Ioanne de Vienna Radegõdo dicto Trouillier clerico, & pluribus alijs testibus ad hoc vocatis & rogatis.

Resaisina de quodam homine submerso in Ripario.

Item eadem die, in mei Notarij & testium subscriptorum præsentia, constituti prædicti Stephanus Præpositus & Robertus de Molendinis, de mandato discreti viri magistri Saulctij de Fonte, Balliui Carnotensis, de vno vultu Iacobi Ribaudiere submersi quondam in aquis de Riparia Carnotensi, apud tres molendinos, quẽ mortuum gens dicti Domini Comitis, in domo sua, molendino Guillelmi dicti Tranchant, cœperant & asportauerant iniustè prædictos Dominũ Theobaldũ & Ioannem Heliotũ, præsentes, petentes & recipientes, nomine dicti Domini Episcopi, in dicta domo restituerũt, & locum siue domum predictam resaisierunt; dicentes & asserentes prædicti Præpositus & Robertus domi-

F

nium & iurisdictionem dicti loci, ad dictum
Dominum Episcopum & non ad dictum Dominum Comitem pertinere, presentibus Petro
de Cresperijs, Roberto de Haia seruientibus dicti Prepositi, Petro dicto Beguin Clerico, Petro
portario Abbatis sancti Petri, Isabella Fumeria
de furnouice domini, Ioanne de Puteolia, Ioanne
Tirre, Guil. elmo Militis curie Carnotensis Notario, Guillelmo Trenchant & Guillelmo eius
filio, Ioanne de Fraxino camerario, Dyone Car-
nis, Ioanne de Vouis, clerico, & pluribus alijs
testibus ad hoc vocatis & rogatis.

Quemadmodum demandatum fuit furcæ iniustè præcipitatæ.

Item anno, indictione & Pontificatu predictis, die sequente VI. Id. Augusti, in mei presentia Notarij & testium subscriptorū presentia, videlicet apud Bercherias Episcopi, predicti Stephanº Colli rubri Prepositº, & Robertus
de Molendinis, nomine & potestate predictis,
quasdam furcas cum quodā latrone in eisdem
pendente, existētes in terra dominio & iurisdictione predicti D. Reuerēdi patris, videlicet in
frechio siue deserto in quo fuerunt vineæ de Ber-
cherijs, per Guillelmum de Mōte desiderij, tunc
temporis Prepositum dicti Domini Comitis
Carnotensis, iniustè precipitatas, releuauerunt,
seu releuari fecerunt, cum vno vultu dicti la-
tronis in eisdem suspenso, per Richardū dictum
aut nominatum spiculatorem seu suspensorem

du Com. de Char. & de l'Eu. 83

atronum & homicidarū, qui Richardus ratione huiusmodi officij vulgariter vocatur Chicou, aditis Stephano Præposito, & Roberto,
ibidem specialiter ad hoc vocatis & conductis,
& de dictis furcis sic releuatis cum dicto vultu in eisdem suspenso, prædictum dominum
Theobaldum & Stephanum de Calido furno,
præsentes, petentes & recipientes, nomine &
potestate quibus supra, restituerunt, & dictum
locum resaisierunt, confitentes, dicentes & asserentes prædicti Præpositus & Robertus, quòd
dictæ furcæ præcipitatæ fuerant indebitè &
iniustè, cùm re vera dictus dominus Comes nullum dominium, nullámque iurisdictionem ha-
beret, & quòd dominium & iurisdictio huiusmodi, ad ipsum dominum Episcopum solùm
& in solidum pertinebat, & dignoscitur pertinere, præsentibus Ioanne Rograu, Ioanne de
monte Mirabili, Arnulpho Cheriau, Geruo-
sio Gouyart, Perrino Colas, Geruasio Regis, Ioā-
ne Iuuenis, Guillelmo Moquet, Andræa Natali, Vincentio Huet, Ioanne quōdam filio de-
functi Guillelmi Fabri, Guillelmo Rose, Ioanne Beuille, Maceto Clementis, Richardo de
Borda, Leodegario Pinardi, Natali Leodega-
ry, Ioanne Sutoris, Perrino Bernardi, Guillelmo Cortais, Maceto Rosselli, Perrino de Ga-
retis, Vincentio Pelliet, Ioanne Tenegui, Andræa Beliart, Guillelmo Pellart, Guillelmo de
Fonte, Ioanne Suart, Ioanne Boussart, Rage
Beuille, Durando de Pratis, Ioanne Doliarum,
Carolo More, Blauoto Ribert, Maceto Er-
uant, Gaufrido Georgy, Roberto Canüi, Ma-

E ij

gistro Carpentariorum, & pluribus alijs testibus ibidem vocatis & rogatis.

Quomodo concordatum fuit Episcopum resaisire de furcis, cum vultu suspenso.

Præterea eadem die in aula domus dicti Reuerendi Patris, apud dictas Bercherias, in mei præsentia Notarij & testiũ infrascriptorum præsentia, præd. Stephanus Præpositus & Robertus confessi fuerunt & asseruerunt se tenere quo supra nomine, restitutionem & resaisinam Furcarum cum dicto vultu prædicto sumptu dicti domini Comitis, facere & specialiter de mercede prædicti Richardi chichou, qui restituendo & resaisiendo prædictum dominum Episcopum & locum dictum vultum, vt præmittitur, suspendidit satisfacere, & huiusmodi confessionem approbantes soluerunt eidem Richardo de Sancto Albino, 33. denarios, quos dictus chicou ipsa die expenderat, pro pane & vino dicti vinetarij, in deductione dicti chicou mercedis memoratæ, præsentibus discretis viris Domino Theobaldo, prædicto Domino Helia Rectore loci, Roberto canuti, Magistro carpentariorum Carnot. Stephano de calido furno, Ioanne Garennarum loci, & pluribus alijs testibus ad hoc vocatis & rogatis.

De condictis testis est præsens Notarius infrascriptus.

ET Ego Ioannes de Alueto, dictus clericus Carnot. Apostolica & Imperiali auctoritate publicus Notarius, tenores commissionum & litterarum prædictarum fideliter transcriptas & absolutas, nihil addito vel detracto quo forma vel substantia mutaretur, hic inserui & conscripsi de verbo ad verbum & restitutionibus & resaisinis prædictis sic factis & dum fierent præsens fui, & easdem vidi & audiui fieri vnà cum testibus prædictis, & ea omnia singula quæ supra, in hanc publicam formam redegi, manu propria scripsi, & meo consueto signo publico signaui, rogatus in testimonium veritatis.

Priuilegium Lotharij Regis & Odonis Comitis, de libertate Burgi.

IN nomine Sanctæ & indiuiduæ Trinitatis, Patris & Filij & Spiritus sancti. Lotharius propria diuinitate Rex, vniuersalis Dei Ecclesiæ omnium fidelium tam præsentium quàm succedenti sæculo futurorum, nouerit pia sagacitas quia fideles nostri regni, Odo scilicet Carnotensis Præsul, atque Illustrissimus Comes fidelis noster, ac inter alios magis dilectus Odo, cum suauéque coniuge Berta, nepte vtique nostra dulcissima, magnificentiæ nostræ genua suppliciter adierunt, accedente quoque etiam in hoc incliti Ducis fidelis nostri Hugonis fauorabili obsecratione, vt quoddam monasterium quod in suburbio prænotatæ carnotinæ ciuitatis, in honorem Beatißimorum duodeni apicis Principum Petri & Pauli, Deo propitio, constat nobiliter fundatum, nostræ serenitatis aliquo munere sublimius dignaremur decorare. Igitur de Dei causa atque eiusdem loci reuerentia piè pertractantes, per deprecationem & consensum præfatorum fidelium nostrorum Odonis scilicet Comitis carnotensis, vxorisque suæ neptis nostræ Berthæ, decreuimus atque constituimus prænotatum monasterij locum cum cunctis finibus rerum in vniuersis comitatibus siue beneficijs sæpe memorati fidelis nostri Odonis Comitis, sibi adiacentium, vniuersaliter ab omni respectu iudicum ordine mundi decernente inuiolabili soliditate solutum & illibatum permanere, ea siquidem ratione vt ab hodierna die & deinceps remota omnium potestate, nullo aditu, nullo tempore aliquis Principum Ecclesiasticorum aut secularium, Pontificum, Ducum Comitum, Vicariorum, vel quorumlibet diuersi generis officialium in claustro prædicti monasterij, aut in cunctis iuxta quòd superius decretum est ipsi adiacentibus, aliquas imperet exactiones, id est neque bannum, neque districtum, aut quicquid in aliquo terrenæ iustitiæ terriculo dici potest, videatque pia ac prouida solicitudine, tum Ecclesiastica, tum secularis celsitura præsentis ac futuræ generationis, vt id quod pro Saluatoris exoptab li amore, pro scelerum integerrima adeptione, pro beatæ spei perceptione, Apostolis summi apicis concedimus, castè & inuiolabiliter suggillatis penitus calumnijs totis per fidem conceptionis conseruet in perpetuum, & roborante bonitate defendat in æuum. Quàndo quidem tunc serui Dei attentiuè & liberius vacabunt orationibus, si non inquietabuntur corda eorum querimonijs forensibus. Vt autem in Dei nomine hoc edictum auctoritate nostra in seculorum successione validiori iuuetur vigore, manu propria ipsum substipulauimus, & annuli nostri sigillatione informari atque nobilitari imperauimus. Anno Dominicæ Incarnat. 987. Anno 31. regnante domino Clotario gloriosissimo Rege. Actum Compendio palatio nostro.

De libertate Burgi, ab Adela Comitissa confirmata.

Documentum huius scripti, succedentibus per seriem labentis æui firmam subministret fidem: Quòd ego Adela Comitissa libertatem huius Burgi quam Rex Lotharius & Odo Comes & Odo Episcopus, sicut in eorum priuilegio inuenitur, monachis Sancti Petri sanxerunt, hanc ego mei assensus auctoritate, pro anima mariti mei Stephani Comitis confirmo & roboro & precipio huic Præposito meo, nomine Chotardo, & sicut viderunt subscripti testes, urgeo ut 20. solid. emendationis effusi sanguinis, quos de forisfactura infra metas burgi Sancti Petri perpetrata indebitè exterfit, monachis impræsentiarum satisfaciendo restituat. Nolo enim quietam libertatem antiquitus sanctæ Petro attributam minuere, sed sicut priuilegium Ecclesiæ Sancti Petri circum me asserit & testatur, ita nullus ex meis siue Præpositus siue Vicarius, vel quauis alia appellatione nuncupentur, præsumat in futuro de qualibet forisfactura intra mas iam dicti Burgi patrata iudiciariam emendationes sub forma iustitiæ requirere, vel hominem ad quamlibet angariam compellere, Hilduinus de Bœuilla, Durandus Cliens, & alij testes.

Philippes le Bel 4. du nom commença à regner l'an 1286. & mourut 1315.

PHILIPPVS Dei gratia Francorum Rex, vniuersis Collectorib. quinquagesimi ad quas præsentes litteræ peruenerunt, salutem. Mandamus vobis quatenus in colligendo & leuando dictum quinquagesimum in terra Religiosorum virorum Abbatis & Conuentus sancti Petri Carnotensis, in qua habent altam iustitiam, vocetis gentes eorumdem, & ipsis gentibus præsentibus, dictum quinquagesimum colligatis, ipsis Religiosis, iuxta ordinationem à nobis actam, de eodem quinquagesimo portionem debitam persoluatis, Actum Parisijs die Martis post conuersionem sancti Pauli. Anno domini Milles. CC. nonagesimo quinto.

Transaction.

PAr deuant Yues Cornu Notaire Royal en la Ville & Bailliage de Chartres, Furent presents en leurs persónes N. N. Preuost & Iuge Royal de la Ville de Chartres, & Procureur du Roy en ladite Preuosté, d'vne part, & N. N. fondez de lettres de procuration speciales pour l'effet des presentes faictes & passees en leur Chapitre legitimement congregez & assemblez à la maniere accoustumée, dés le 13. May dernier, pardeuant Gilles Bellaye leur Tabellion audit S. Pere, desquelles est apparu, signées Beloys, d'autre : lesquelles parties esdits noms, mesmes lesdits Sieur Preuost, & Procureur du Roy, entant qu'à eux est, esdites qualitez seulement & sans preiudicier aux droicts du Roy, pour assoupir & terminer les differens cy deuant meus entre eux & leurs predecesseurs & qui estoient encore prests à mouuoir pour raison de la iustice maintenuë par ledit sieurs Abbé religieux & Conuent leur appartenir sur plusieurs maisons lieux & endroicts de ceste ville & banlieuë de Chartres, à l'exclusion dudit sieur Preuost & des officiers de la Preuosté Royale de Chartres, lesquels soustenoient au contraire ladite iustice leur appartenir sur lesdits lieux maisons & endroicts contentieux ou la plus grande partie d'iceux, pour raison dequoy auroient esté interieéées par lesdits Religieux, Prieur

& Conuent plusieurs appellatiōs des sentéces tant de nous ou nostre Lieutenant que dudit Preuost de Chartres, pendantes & indecises aucunes pardeuant nous & nostredit Lieutenant, autres en la Cour de Parlement, demandes & conclusions prinses contre lesdits Religieux, Prieur & Couuent par ledit Preuost & ses predecesseurs, & contre eux ledit procureur du Roy & autres officiers de ladite Preuosté, par lesdits sieur Abbé, Religieux & Conuent, tant en ladite Cour de Parlemét Requestes du Palais à Paris, que pardeuant nous ou nostre Lieutenant, où les parties estoiét en voye d'entrer en grande inuolutió de proces, pour ausquels fuir & euiter traiter & nourrir paix & amitié & procurer entant qu'à eux est le bien & aduancement de la Iustice, repos & soulagement des subiects & Iusticiables desdittes iustices, ordinairement troublez & alterez par les frequentes contétions de iurisdiction qui naissent continuellement entre lesdits parties, ont faict entre eux les accords traictez conuentions & transactions qui ensuiuent. C'est asçauoir que ledit. N. oudit nom, Religieux & Conuent de laditte Abbaye sainct Pere, representez par lesdits N.N. es noms susdits, auront comme ils ont cy deuant eu & ont, toute iustice sur les lieux endroicts & enclaues cyapres declarez, sçauoir en la ruë sainct Michel du costé de la maison des Cordeliers seulement, à commencer à la maison de Maurice Potier maistre Mareschal, icelle comprise, descendāt par l'eſtappe du vin au bas du tartre ſainct Aignam dudit coſté des Cordeliers & ſainct Pere & dudit tartre par la rue des fumiers, du meſme coſté de S. Pere à main droicte allant gaigner la ruë aux Sueurs ou de l'orme paſteau, en laquelle ruë auſdits Sueurs auront leſdits Religieux Abbé & Conuent iuſtice des deux coſtez juſques au pont taillehart, & d'iceluy tout le long de la riuiere ruë du cheſne doré rue Begnine herces & puits du crochet & de l'aſne reez du coſté de laditte Abbaye ſainct Pere à monter juſques aux Herces de ladite ville & moulins dudit ſainct Pere & tout ce qui eſt enclaué entre laidite riuiere du coſté de ladite Abbaye, pont taillehart, rue aux Sueurs, rue des fumiers tartre ſainct Aignam, & rue ſainct Michel, juſques à ladite maiſon de Maurice Potier & icelle comprinſe, & depuis ledit pont taillchart au delà de la riuiere du coſté des portes Guillaume & Moral dudit Chartres, n'auront leſdits ſieurs Abbé Religieux & Conuent aucune Iuſtice juſques aux ruës des Poulies & coupebarbe, eſquelles ils auront juſtice du coſté de ladite porte Moral ſeulement à commencer en la rue des poulies à la maiſon de maiſtre Abel Hoteau Appoticaire demeurant à Chaſteauneuf, à qui elle appartient à cauſe de Marie du Marchan ſa femme & à leurs coheritiers, laquelle maiſon eſt proche des murailles de ladite ville, & ſur tout le coſté de ladite rue des poulies qui eſt vers la porte Moral deſcendant de ladite maiſon dudit Hureau & ſa femme par ledit cofté de la porte Moral en la ruë coupebarbe iufques au porche par lequel l'on va à la riuiere, & depuis ledit porche & coin de ladite ruë des poulies, auront auffi lefdits fieurs Abbé Religieux Prieur & Connent, en ladite ruë de coupebarbe, à commencer du petit porche (iceluy non compris) iuftice des deux coftez iufques au pont faint Hilaire, & dudit pont allant à la porte Moral à main gauche iufques à la maifon appartenant à ladite ville, en laquelle eft à prefent demeurante la vefue feu François Defchamps, ioignant ladite porte Moral, & tout ce qui eft enclaué entre ladite ruë des poulies iufques à ladite ruë de porte Moral à main gauche, fors la maifon de ladite ville, où demeure ladite vefue Defchamps & ladite porte Moral, & ce qui eft en la baffecourt d'icelle, qui ne feront de ladite iuftice fainct Pere: comme auffi ne feront de ladite iuftice fainct Pere, tout ce qui eft de l'autre cofté de la ruë de ladite porte Moral, defcendant d'icelle, à main gauche & tournant par la ruë du frou pour aller à la ruë de la Grenoliere, icelle comprife qui demeure à la iuftice Royale, referué les maifons qui font en ladite ruë du frou du cofté de la riuiere depuis le pont fainct Hilaire, iufques au pont des Moulins dudit fainct Pere, & depuis lefdits Moulins fainct Pere en la ruë de la Grenoliere du cofté des murailles de ladite ville iufques à la maifon qui appartient à Pierre Yuõ en ladite ruë de la Grenoliere, icelle maifon comprise, le surplus de ladite ruë appartenāt au Roy. Comme aussi auront lesdits sieurs Abbé Religieux Prieur & Couuent de sainct Pere, toute iustice sur les terres, maisons vignes & iardins qui sont depuis la porte sainct Michel de ladite ville, à main gauche descédant à la ruë cheure, & en ladite ruë cheure, du costé de ladite ville seulement, & depuis icelle iusques à la riuiere passant pardeuāt le iardin de la courtille & celuy qui appartient aux hoirs Me. Claude Nicole, pour gaigner la ruë de Long-boyau, & dicelle à la riuiere, & ce qui est le long d'icelle riuiere du costé S. Michel iusques à la ville, depuis ladite ruë de Longboyau. Et à l'autre costé de la riuiere, vers la porte Moral, & dedans le fauxbourg d'icelle porte Moral, n'auront lesdits Sieur Abbé Religieux Prieur & Conuent aucune Iustice, reserué en leur pressoir de la Chesne, où ils auront toute Iustice, & pour la bannalité seulement sur les vignes du clos Belin & clos Geoffroy, que lesdits Religieux & Conuent, soustiennent subiets à leur pressoir & droit de bannalité. Et neantmoins és maisons qui sont au dedans dudit enclaue cy dessus designé, qui ne sont tenuës à cens ou fief desdits Sieur Abbé Religieux & Conuent de S. Pere, mais du Roy & autres seigneurs, & sur les ruës cy dessus designées, dont les maisons ne tiennent desdits Religieux à cens que d'vn costé seulement, & de l'autre costé du Roy & autres seigneurs, n'auront lesdits Religieux aucune Iustice, mais appartiendra icelle aux officiers de ladite Preuosté, & auront lesdits Religieux, Abbé, Prieur & Conuent la Iustice seulement sur les maisons tenuës à cens, d'eux esdits enclaues, esquelles ils ont droit de cens ou de fief sur les maisons qui sont des deux costez, aux reseruations toutesfois cy apres declarées. N'auront aussi lesdits Sieur Abbé, Religieux & Conuent, Iustice sur toutes les maisons, vignes, terres & jardins qui sont tenus à cens ou fief, deux en tout le reste de la ville & fauxbourgs, hors celles cy dessus declarées, sinon Iustice fonciere seulement pour leurs droits de cens & suiuant l'article cent onze de la Coustume de Chartres: pour lesquels droits ils pourront par leurs sergents faire faire tous exploicts de saisies & donner assignations pardeuant leur Iuge comme pour Iustice fonciere seulement, & non autrement, pour quelque cause ou pretexte que ce soit, reserué sur la maison qui a apperrtenu à deffunct Maistre François de Viliers, size en la ruë du Cheual Blanc, appellée la maison du Four au Croc, à present possedée par la vefue feu Maistre le Veillard, fille dudit deffunct de Viliers, sur laquelle maison la Iustice demeure ausdits Sieur Abbé, Religieux & Conuent, conformement à l'Arrest de la Cour de Parlement du

Ces trois foires ont esté

Et au regard de la Iustice appartenant ausdits sieur Abbé,

Religieux Prieur & Couuent de sainct Pere, durant les trois iours des festes sainct Pierre, dont la premiere est en Feurier, appellée la Chaire de sainct Pierre, la seconde le vingt-neufiesme Iuin, & la troisiesme le iour sainct Pierre esliens, premier iour d'Aoust, en iouïront lesdits sieur Abbé Religieux Prieur & Couuent comme ils ont accoustumé, en cas quil y ait Foires seulement, pour en iouïr comme ils ont accoustumé, & pour choses concernant icelles Foires seulement, suiuant & conformement aux Iugeméts & sentéces, qu'ils en ont obtenuz. Et pour le faict de la police & execution d'icelle, elle appartiendra aux officiers de laditte Preuosté ptiuatiuemen au Iuge de sainct Pere, qui n'en pourra cognoistre, ny les y troubler soit souz le nom ou requisitions du Procureur d'Office & Fiscal de ladite Abbaye ou autrement, sans preiudice des differends particuliers qui pourroient naistre entre voisins pour leurs interests priuez, en consequence des ordonnances de Police, & où le Procureur du Roy n'aura le principal interest, & ne sera partie, qui se poursuiuront contre les Iusticiables de S. Pere pardeuant le Iuge de l'Abbaye, comme les autres actions particulieres, & luy en sera fait renuoy estans vendiquez. Auront aussi les officiers de ladite Preuosté preuention sur les subiets dudit sainct Pere de crimes ca-

concedées par Iean de Chastillon Comte de Chartres, par tiltre de l'an 12.

pitaux esquels escherra peine de mort, ou afflictiue de corps, ou d'amende honorable. Et pour les crimes priuez, comme d'iniures, coups de poing, rixes & querelle, & où la punition ne sera afflictiue de corps, en sera fait renuoy pardeuant le Bailly dudit S. Pere, les sujets estans vendiquez : & n'y aura preuention en matiere ciuile, sinon de complainte, & cas de l'Ordonnance ; mais sera fait renuoy pardeuant le Iuge dudit S. Pere, de ses Iusticiables qui seront vendiquez, fors pour les officiers du Roy, demeurans au dedans de ladite Iustice Sainct Pere, & enclaues d'icelle cy dessus declarez, lesquels demeureront subiets & Iusticiables de ladite Preuosté à l'exclusion desdits de sainct Pere, és actions personnelles & criminelles où ils seront deffendeurs & pour les seellés & inuentaires qui seront à faire en leurs maisons. Et au regard des actions reelles concernans la proprieté de leurs maisons & heritages qu'ils possedent au dedans de ladite Iustice, & enclaues cy dessus, & autres actions qui s'intenteront à raison desdites maisons & heritages, seruitutes & autres droits en dependans, la cognoissance en appartiendra audit Iuge de S. Pere, sinon que esdites actions reelles concernans leursdites maisons & heritages possedez en ladite Iustice & enclaues ou complaintes, lesdits officiers du Roy fussent appellez pardeuant ledit Preuost, auquel cas ne sera tenu ledit Preuost faire renuoy, mais luy en demeurera la rera la cognoissance par preuention, & s'il se fait sur le paué au dedans de ladite Iustice, aucun crime ou violence publicque de iour ou de nuit, auec armes ou autrement, en contreuenant notoirement à la Police par aucuns Iusticiables dudit S. Pere; le Procureur du Roy en fera seul la poursuitte en ladite Iustice Royale comme dependans de la Police, sans qu'il y puisse estre troublé par le Bailly & officiers dudit Sainct Pere, qui n'en prendront cognoissance, soit qu'il y ait partie plaintiue ou non, sans que ledit Iuge S. pere en puisse prédre connoissance. Comme aussi la preuention aura lieu pour les crimes qui se commettront sur la riuiere Borda & riuages d'icelle, en ce qui en appartient audit Sieur Abbé, Religieux & Conuent, tant dedans que dehors ladite ville, qui est depuis les prez de Longboyau iusques aux Herses de la ville, & des Herses iusques au pont Taillehart sans preiudice de la propriété de ladite riuiere, tant au dedans dudit enclaue, que iusques aux moulins de la porte Guillaume, reserué pour leurs droits de pesche planches, & autres droits vtiles qui leur appartiennent en la riuiere, & consernants d'icelle depuis le pré de Longboyau iusques audit pont Taillehart, pourquoy se pouruoiront en leur Iustice comme ils auoient accoustumé: Et sur ce qui est depuis ledit pont Taillehart iusques aux moulins de ladite porte Guillaume, n'y auront aucune

G

Iustice pour quelque cause que ce soit, le tout sans preiudice des cas royaux qui demeurent aux officiers Royaux, conformément aux Ordonnances : Et en ce faisant tous procés meus & à mouuoir entre lesdites parties esdits noms pour raison de ladite Iustice, demeurent nul & assoupis sans despens dommages ny interests de part ne d'autre, & les amendes iugées de leur temps nulles, pour lesquelles n'en pourra estre fait aucune poursuitte contre les condamnez, & si aucunes en ont esté payées elles seront renduës. Et afin que ces presentes deuëment plus stables & fermes, & inuiolablement gardées & entretenuës de part & d'autre, & qu'elles soyent dauantage authorisées & ayent plus de force & vertu, lesdites parties esdits noms, veullent & consentent icelle estre approuuées, auctorisées & homologuées pardeuant nos seigneurs de ladite Cour de Parlement à Paris, & aux frais & despris de ceux desdites parties qui les voudront faire emologuer, pourquoy faire & le consentir, ont icelles parties esdits noms respectiuement fait & constituer leurs Procureurs speciaux & irreuocables, les porteurs ou porteur d'icelle, ausquels ils ont donné pouuoir de ce faire : Et generalement jaçoit que ainsi a esté le tout dit, conuenu & accordé entre lesdites parties ; Promettans icelles l'vne à l'autre non venir contre obligeans esdits noms : renonçans & cæt. presens Charles de Gouffeuille, Escuyer Sieur dudit lieu estant de present audit Chartres, Iean Remonneau dit le Closeau domestique du Seigneur Comte de Chyuerny, & Claude Ieullin Clerc demeurant à Chartres tesmoins, qui ont auec les parties contrahátes & Notaire signé en la minutte des presentes suiuant l'ordonnance, qui furent faites, passées & arrestées auant Midy en l'hostel & maison dudit Seigneur Comte de Chyuerny à Chartres. Le Mardy dixhuictiesme iour de Iuin, mil six cens vingt-quatre. Ainsi signé CORNV, auec paraphe.

τῷ θεῷ δόξα.